TOLSTOY

CHILDHOOD

Л.Н. ТОЛСТОЙ ДЕТСТВО

L.N. TOLSTOY CHILDHOOD

EDITED BY M. PURSGLOVE
SENIOR LECTURER IN RUSSIAN, EXETER UNIVERSITY

RUSSIAN
STUDIES

PUBLISHED BY BRISTOL CLASSICAL PRESS
GENERAL EDITOR: JOHN H. BETTS
RUSSIAN TEXTS SERIES EDITOR: NEIL CORNWELL

Previously published by Bradda Books Ltd, 1961, 1975
and Basil blackwell Ltd, 1984

This edition first published in 1993 by
Bristol Classical Press
an imprint of
Gerald Duckworth & Co. Ltd
61 Frith Street
London W1D 3JL
e-mail: inquiries@duckworth-publishers.co.uk
Website: www.ducknet.co.uk

Reprinted 2001

A catalogue record for this book is available
from the British Library

ISBN 1-85399-294-1

Contents

Brief Chronology of Tolstoy's Life

Introduction

Count Lev Nikolaevich Tolstoy, would-be army officer, former university
drop-out and member of one of the richest families in Russia, was just
twenty-two when he began work on what was to become *Childhood*. An
entry in his diary for 18 January 1851 refers to the history of *my* childhood, suggesting he had an autobiographical piece in mind. The work
quickly evolved into a four-part novel, tentatively entitled *Four Epochs
of Development* (Chetyre epokhi razvitiia) and based on Tolstoy's close
friends the Islen'ev family. The four parts were to be entitled *Childhood*,
Boyhood (Otrochestvo), and two sections whose Russian title may be
translated as *Youth* (Iunost' and Molodost'). The work went through four
drafts, in the course of which Tolstoy reduced its length and strove to
eliminate melodramatic elements as well as 'refinement and complex
plotting' (tonkost' i zamyslovatost') and authorial commentary. He did,
however, increase the amount of detail. In chapter 7, for instance, a
three-line passage in the first draft describing how Nicholas was dis-
tracted by a swarm of ants during the hunt, is increased to ten lines in the
final version. In its final form the work consists of three parts: *Childhood*,
Boyhood (1854) and *Youth* (1857).

The effort of writing *Childhood* led to a crisis of confidence on Tolstoy's
part. In a diary entry for 30 May 1852 he asked rhetorically: 'Do I have a
talent which can be compared with the new Russian litterati?' and in a letter
to Tat'iana Ergol'skaia he wrote:

> My literary work is also making a little progress, although I'm not
> thinking of publishing anything just yet. I've redone the work I began
> a long time ago three times and I'm reckoning on another redoing
> before I'm satisfied with it. Perhaps it'll be a work of Penelope, but
> that doesn't put me off. I write not out of vanity but out of enjoyment.
> I find writing both useful and pleasant, so I write.

Three days later he noted in his diary: 'It seems to me that I have neither
patience, skill or precision, that there is also nothing great in my style, my
feelings or my thoughts. I'm still in doubt about this, however.'

On 3 July 1852 Tolstoy sent off the manuscript of *Childhood* to the editor of *The Contemporary* (Sovremennik), Nikolai Nekrasov, together with a covering letter:

My request will cost you so little that I am sure you will not refuse me. Look through this manuscript and, if it's no good for publication, return it to me. If the reverse is true, evaluate it, send me what you think it's worth and print it in your journal. I agree in advance to all cuts that you may find necessary to make in it, but I want it to be printed without additions or changes.

In essence this manuscript comprises the first part of a novel *Four Epochs of Development*; the appearance of the subsequent parts will depend on the success of the first. If, for reasons of size, it cannot be printed in one number, I'll divide it into three parts: chapters 1-17, 17-26, 26 to the end.

If I had been able to find a good amanuensis in the place where I live, the manuscript would have been copied out much better and I would not be afraid of the additional prejudice you will undoubtedly harbour against it.

I am convinced that an experienced and conscientious editor – especially in Russia – can, by virtue of his position as mediator between writer and reader, always ensure in advance the success of a work and the opinion that the public forms about it. I therefore look forward impatiently to your sentence. It will either encourage me to continue my favourite activity or it will force me to burn everything I've started.

In fact Nekrasov was delighted with the work and wrote the following in reply to Tolstoy:

I have read your manuscript ('Childhood'). It is so interesting that I will print it. I don't know how it continues, but I can say with certainty that its author has talent. In any case the author's tendency, the simplicity and reality of the content comprise the inalienable merits of the work. If future parts (as I expect) have a little more liveliness and movement, it will be a good novel. Please send me the sequel. Both your novel and your talent interest me. I would advise you not to hide behind initials but to publish under your own name, unless you're just a chance visitor to the literary world.

A second letter from a Nekrasov a month later, in September 1852 was even more fulsome:

I have written to you about your story but now feel it my duty to say a few more words about it. I have included it in *Contemporary* 9 and, having read it in proof and in obviously carefully written manuscript form I have discovered that the story is much better than seemed to me at first. I can say positively that its author has talent. This conviction is, I imagine, the most important thing for you, as a new author, at the present time. The number of *Contemporary* with your story in it will appear in Petersburg tomorrow but will probably not reach you for at least three weeks (I will send it to your address). A few things have been left out (not much, incidentally).... Nothing has been added. I'll write to you in more detail soon, but I haven't time now. I look forward to your answer. If you have the sequel, please send it to me.

The work first appeared in the ninth number of *The Contemporary* for 1852. The author was simply designated by the initials L.N. and the work bore the title *The History of my Childhood* (Istoriia moego detstva), a title dreamed up by Nekrasov. This prompted a highly indignant letter from Tolstoy, who did not want the work thought of as a personal memoir. He later toned down the letter to the following, sent on 27 November 1852:

I very much regret that I cannot immediately carry out your wishes by sending you something new for publication in your journal; the more so because the conditions which you offer me I find very favourable to myself and agree to completely.

Although I have written something, I can't send you anything at the moment: in the first place because the small success of my first effort has developed my authorial pride, and I would like the subsequent parts to be no worse than the first; in the second place the cuts made by the censorship in *Childhood* have forced me to redo much of what I've done in order to avoid similar cuts. Not to mention the trivial changes, of which I'll refer to two, which struck me particularly unpleasantly. These are the omission of the story of Natal'ia Savshina's love, which to some degree depicts her character and a bygone way of life and adds humanity to her personality, and the change in the title. –The title *Childhood* and a few words in the preface explained the idea behind my book. On the other hand the title *The History of my Childhood* contradicts it. Who is concerned about the history of *my* childhood? This last change I find particularly unpleasant because, as I wrote to you in my first letter, I wanted *Childhood* to be the first part of a novel of which the subsequent parts were to be: Boyhood, and Youth.

I would ask you, sir, to give me a promise concerning my future writing, if you see fit to continue to accept it for your journal, not to make any changes at all in it. I hope that you will not refuse me in this. For my part I promise to send you the first thing that I consider worthy of publication.

I sign myself with the name, but ask that this should be known only to the editorial board.

Childhood appeared in book form in 1856 in a collection entitled *Military Stories* (Voennye rasskazy). Nicholas I had died in 1855 and, under his successor Alexander II, the censorship was considerably relaxed. The book included not only *Childhood* but also *Boyhood*, the three Sebastopol stories, *The Raid* (Nabeg) and *The Woodfelling* (Rubka lesa) and was published without any cuts. It was favourably received, notably by the left-wing critic Nikolai Chernyshevsky who wrote a famous article, the final words of which have become a cliché of Tolstoyan criticism:

> Count Tolstoy's attention is more and more directed to the way in which some feelings and thoughts develop out of others; he is interested in observing how a feeling, arising directly out of a given situation or impression and subjected to the influence of recollections and the force of associations furnished by the imagination, passes into other feelings, returns to its previous point of origin and then peregrinates over and over again, changing as it goes, through a whole chain of recollections; how a thought, born of an original sensation, leads to other thoughts, is carried further and further on and merges daydreams with real sensations, dreams of the future with recollections of the present. Psychological analysis can take various directions: one poet is interested primarily in character delineation; a second in the influence on his characters of social relations and the conflicts of life; a third in the connection between feelings and action; a fourth in the analysis of the passions. Count Tolstoy is primarily interested in the psychic process itself, its forms, its laws or, to give it a definition, the dialectics of the soul.

As Tolstoy himself indicated, *Childhood* is not an autobiography. Tolstoy did not have a brother called Volodia, a sister called Liuba or a tutor called Karl Ivanych Mauer. Nor did he have any conscious memory of his mother, who died in 1830, when he was two years old. Tolstoy's translator, Rosemary Edmonds, calls the book 'fiction rooted in autobiography' while the Tolstoy scholar R.F. Christian suggests that the work is 'neither a novel nor an autobiography, but an autobiographical novel of childhood'. Clearly there are strong echoes on Tolstoy in Nikolai, in, for example, his preoccupation with what he considers to be his own lack of physical attractiveness, and most of the other characters can be traced to real-life prototypes. The single exception is maman, based not on Tolstoy's own mother but rather on an idealised notion of motherhood which, according to one critic, Edward Crankshaw, can be traced throughout Tolstoy's work. The result is a portrait which is static, sentimental to the point of mawkishness and artistically unconvincing.

Childhood deals with a period of just over eight months, from 12 August, three days before Nikolai's tenth birthday, to 16 April, the date of receipt of maman's letter (chapter 25) and 18 April, the date of maman's death (chapter 26). The first twenty-four chapters, the greater part of the book, cover a period of just two months. The first of these is spent in the country, on the family estate at Petrovskoe (chapters 1-14). Then, after the chapter which is the philosophical heart of the work, chapter 15, also entitled *Childhood*, the scene shifts to Moscow a month later. Most of the chapters are self-contained episodes or tableaux, glimpses or snapshots of childhood. There are, however, exceptions, notably chapter 10 which is a static portrait of Nikolai's father and the chapters devoted to Natal'ia Savishna's early life (chapter 13) and to her death (chapter 28).

Death is a major theme in *Childhood*. In the very first chapter Nikolai invents a bad dream about his mother's death and the actual death of Nikolai's mother marks the end of his childhood and the beginning of the next phase of his life – boyhood. In this, as in many other respects, *Childhood* anticipates the mature Tolstoy. From the death of Captain Praskukhin in *Sebastopol in May* to the death of Prince Andrei in *War and Peace*, from Anna Karenina's suicide to the death of Ivan Il'yich in the story of that name, from *Three Deaths* (Tri smerti) to the murders in the *Kreutzer Sonata* (Kreitserova sonata) and *Resurrection* (Voskresenie), Tolstoy explores death in every aspect, philosophical and physiological, from the point of view of murderer, victim and disinterested onlooker. It comes as no surprise that the only chapter to bear a heading in *Anna Karenina* is entitled 'Death'.

Almost equally central to both *Childhood* and Tolstoy's work as a whole is the theme of family happiness. This is not only the title of an early novel (Semeinoe schast'e, 1862), but is also a major theme in *War and Peace* and provides *Anna Karenina* with its celebrated opening sentence: 'All happy families resemble one another, but each unhappy family is unhappy in its own way'. Members of Tolstoyan families communicate with one another intuitively and are acutely conscious of those who do not 'belong'. The hapless Il'inka Grap is a good example of such a character in *Childhood*. In

Childhood, too we find a hint of that division of families into 'good' and 'bad' which is such a marked feature of *War and Peace*. The Kornakovs are 'bad' while the Ivins are 'good'. The widespread use of antithesis, that hallmark of the mature Tolstoy, is to be found in *Childhood*. Town and country, youth and age, servant and master, Russian and German are just some examples.

Above all the book is notable for its clear-eyed, childlike view of the world. It is, of course, rather more than this; it is a child's view of the world filtered through the memory and consciousness of an adult. In presenting such a view Tolstoy was following in a tradition which includes Rousseau's *Émile*, Karamzin's unfinished novel *A Knight of our Time* (Rytsar' nashego vremeni), M. Töpffer's *La bibliothèque de mon oncle* (1832) and, particularly, Charles Dickens' *David Copperfield*, which Tolstoy had read just before beginning to write *Childhood*. The child Nikolai is highly sensitive and much given to tears; such is his sensitivity that he easily sees through adult convention and pretence. For example, talking to Prince Ivan Ivanych in chapter 18, grandmother appears to accept maman's excuse for not coming to Moscow with her sons:

'All very nice!' continued grandmamma in a tone which plainly showed that she did not consider it nice at all.

'Plainly' to whom? To Nikolai, certainly, but perhaps not to those who have lost their childish honesty. This contrast between surface appearance and underlying reality, a typical Tolstoyan contrast, is perhaps best seen in chapter 25. Here the Russian part of mother's letter plays down the seriousness of her illness while the second part, written in French, reveals its full extent. Nikolai himself, as he moves from the innocence of childhood to an awareness of the false shows of the adult world and from there to a state of self-awareness, shows himself capable of similar deception in chapters 14 and 16. In the first the adult narrator concedes that the tears shed by the child Nikolai on leaving home were prompted not by genuine grief but by a desire to show the extent of his 'sensitiveness' (chuvstvitel'nost'). In chapter 16, a chapter in which Tolstoy implicitly makes statements on the nature of art which anticipate much of what he says in *What is Art?* (Chto takoe iskusstvo?), the first two verses of Nikolai's poem stem from genuine emotion; thereafter he has to turn to other poets – Derzhavin and Dmitriev – and even to a secret love poem written by Karl Ivanych in his youth before he can produce the poem which wins fulsome but artificial praise from his grandmother. It is a desire to show off her grandson rather than admiration of his talent which prompts her action. The same mixture of devastating honesty and deception is to be found in chapter 27, the chapter devoted to the funeral of Nikolai's mother. He does experience genuine grief, moments of 'forget-fulness of self' (samozabvenie) but his motives for weeping are mixed with an 'element of self-love' (samoliubivoe chuvstvo), a desire to show that he can grieve with the best of them and a sense of embarrassment at being discovered standing on a chair next to his mother's coffin. Looking back, the adult Tolstoy is ashamed of his behaviour. The glimpse into Karl Ivanych's past afforded us in chapter 16 is also interesting. Throughout *Childhood* he appears as a kindhearted, stiff, slightly comic German. Only in *Boyhood*, in a sequence of three chapters (8-10) do we learn the truth about Karl Ivanych's past in a static 'flashback' portrait of a type which Tolstoy was to abandon in his mature work. This raises the question of the relationship between *Childhood* and the remainder of the trilogy. Certainly themes, storylines and characters introduced in *Childhood* are developed in *Boyhood* and *Youth* but each part is self-contained and can be read independently of the others.

Childhood is a loving evocation of a world in which apparently insigni-ficant trifles assume great importance. Nikolai's curiosity as to what the holy fool Grisha wears under his clothes (chapter 12); the boy's failure to find a second white glove and the desperate expedient of wearing a discarded, mutilated glove belonging to Karl Ivanych, his inability adequately to express his feelings for Katia (chapter 9) or Serezha Ivin (chapter 19) are the very stuff of what Tolstoy refers to in the opening paragraph of chapter 15:

> Oh the happy, happy, never-to-be-recalled days of childhood! How could one fail to love and cherish memories of such a time? Those memories refresh and elevate the soul and are a source of my best enjoyment.

Childhood is a seminal work, not only in the context of Tolstoy's *oeuvre* but in the wider context of Russian and even world literature. In Russian literature the work clearly influenced Maksim Gorky's autobiographical trilogy, the first part of which bears the same title. Further afield the influence of Tolstoy's book on James Joyce's *Portrait of the Artist as a Young Man* is well established.

Fifty-six years after the appearance of *Childhood* Tolstoy commented on his book:

> When I wrote *Childhood* it seemed to me that before me no-one had felt or depicted all the charm and poetry of childhood.

Bibliography

Books

Cain, T.G.S., *Tolstoy* (London, 1977): pp. 19-41 deal with *Childhood*.
Williams, G., *The Influence of Tolstoy on Readers of his Work* (Lewiston/Queenston/Lampeter, 1991): deals extensively with *Childhood*, esp. pp. 5-54.
Williams, G., *Childhood* (Russian Critical Guides Series, Bristol Classical Press: forthcoming).

Article

Jones, W.G., 'The nature of the communication between author and reader in Tolstoy's *Childhood*' *Slavonic and East European Review* LV 4 (October 1977) pp. 506-16.

Audio tape

Stevens, O., *L. Tolstoy: Detstvo*, Exeter tape R7956, available from Drake Educational Associates, St Fagan's Road, Cardiff CF5 3AE.

Глава I

УЧИТЕЛЬ КАРЛ ИВАНЫЧ

12-го а́вгуста 18..., ро́вно в тре́тий день по́сле дня моего́ рожде́ния, в кото́рый мне ми́нуло де́сять лет[1] и в кото́рый я получи́л таки́е чуде́сные пода́рки, в семь часо́в утра́ Карл Ива́ныч разбуди́л меня́, уда́рив над са́мой мое́й голово́й хлопу́шкой — из са́харной бума́ги на па́лке — по му́хе. Он сде́лал э́то так нело́вко, что заде́л образо́к моего́ а́нгела,[2] висе́вший на дубо́вой спи́нке крова́ти, и что уби́тая му́ха упа́ла мне пря́мо на го́лову. Я вы́сунул нос из-под одея́ла, останови́л руко́ю образо́к, кото́рый продолжа́л кача́ться, ски́нул уби́тую му́ху на́ пол и хотя́ за́спанными, но серди́тыми глаза́ми оки́нул Ка́рла Ива́ныча. Он же, в пёстром ва́точном хала́те, подпоя́санном по́ясом из той же мате́рии,[3] в кра́сной вя́заной ермо́лке с ки́сточкой и в мя́гких козло́вых сапога́х,[4] продолжа́л ходи́ть о́коло стен, прице́ливаться и хло́пать.

«Поло́жим, — ду́мал я, — я ма́ленький, но заче́м он трево́-

1

жит меня? Отчего он не бьёт мух около Володиной постели? вон их сколько! Нет, Володя старше меня; а я меньше всех: оттого он меня и мучит. Только о том и думает всю жизнь, — прошептал я, — как бы мне делать неприятности. Он очень хорошо видит, что разбудил и испугал меня, но выказывает, как будто не замечает... противный человек! И халат, и шапочка, и кисточка — какие противные!»

В то время как я таким образом мысленно выражал свою досаду на Карла Иваныча, он подошёл к своей кровати, взглянул на часы, которые висели над нею в шитом бисерном башмачке, повесил хлопушку на гвоздик и, как заметно было, в самом приятном расположении духа⁵ повернулся к нам.

— Auf, Kinder, auf!.. s'ist Zeit. Die Mutter ist schon im Saal*, — крикнул он добрым немецким голосом, потом подошёл ко мне, сел у ног и достал из кармана табакерку. Я притворился, будто сплю. Карл Иваныч сначала понюхал, утёр нос, щёлкнул пальцами и тогда только принялся за меня. Он, посмеиваясь, начал щекотать мой пятки. — Nu, nun, Faulenzer!† — говорил он.

Как я ни боялся щекотки, я не вскочил с постели и не отвечал ему, а только глубже запрятал голову под подушки, изо всех сил брыкал ногами и употреблял все старания удержаться от смеха.

«Какой он добрый и как нас любит, а я мог так дурно о нём думать!»

Мне было досадно и на самого себя и на Карла Иваныча, хотелось смеяться и хотелось плакать: нервы были расстроены.

— Ach, lassen sie‡, Карл Иваныч! — закричал я со слезами на глазах, высовывая голову из-под подушек.

Карл Иваныч удивился, оставил в покое мой подошвы и с беспокойством стал спрашивать меня: о чём я? не видел ли я чего дурного во сне?.. Его доброе немецкое лицо, участие, с которым он старался угадать причину мойх слёз, заставляли их течь ещё обильнее: мне было совестно, и я не понимал, как за минуту перед тем я мог не любить Карла Иваныча и

---

* Вставать, дети, вставать!.. Пора. Мама уже в зале (нем.).
† Ну-ну, лентяй (нем.).
‡ Ах, оставьте (нем.).

2

находить противными его халат, шапочку и кисточку; теперь, напротив, всё это казалось мне чрезвычайно милым, и даже кисточка казалась явным доказательством его доброты. Я сказал ему, что плачу оттого, что видел дурной сон, — будто maman* умерла и её несут хоронить. Всё это я выдумал, потому что решительно не помнил, что мне снилось в эту ночь; но когда Карл Иваныч, тронутый моим рассказом, стал утешать и успокаивать меня, мне казалось, что я точно видел этот страшный сон, и слёзы полились уже от другой причины.

Когда Карл Иваныч оставил меня и я, приподнявшись на постели, стал натягивать чулки на свои маленькие ноги, слёзы немного унялись, но мрачные мысли о выдуманном сне не оставляли меня. Вошёл дядька [6] Николай — маленький, чистенький человечек, всегда серьёзный, аккуратный, почтительный и большой приятель Карла Иваныча. Он нёс наши платья и обувь: Володе сапоги, а мне покуда ещё несносные башмаки с бантиками. При нём мне было бы совестно плакать; притом утреннее солнышко весело светило в окна, а Володя, передразнивая Марью Ивановну (гувернантку сестры), так весело и звучно смеялся, стоя над умывальником, что даже серьёзный Николай, с полотенцем на плече, с мылом в одной руке и с рукомойником в другой, улыбаясь, говорил:

— Будет вам, Владимир Петрович, извольте умываться.

Я совсем развеселился.

— Sind sie bald fertig? † — послышался из классной голос Карла Иваныча.

Голос его был строг и не имел уже того выражения доброты, которое тронуло меня до слёз. В классной Карл Иваныч был совсем другой человек: он был наставник. Я живо оделся, умылся и, ещё с щёткой в руке, приглаживая мокрые волосы, явился на его зов.

Карл Иваныч, с очками на носу и книгой в руке, сидел на своём обычном месте, между дверью и окошком. Налево от двери были две полочки: одна — наша, детская, другая — Карла Иваныча, *собственная*. На нашей были всех сортов книги — учебные и неучебные: одни стояли, другие лежали.

---

* Мама (*франц.*).
† Скоро ли вы будете готовы? (*нем.*).

Только два больши́х то́ма «Histoire des voyages»*,[7] в кра́сных переплётах, чи́нно упира́лись в сте́ну; а пото́м и пошли́ дли́нные, то́лстые, больши́е и ма́ленькие кни́ги, — ко́рочки без книг и кни́ги без ко́рочек; всё туда́ же, быва́ло, нажмёшь и всу́нешь, когда́ прика́жут перед рекреа́цией привести́ в по-
5 ря́док библиоте́ку, как гро́мко называ́л Карл Ива́ныч э́ту по́лочку. Колле́кция книг на *со́бственной* е́сли не была́ так велика́, как на на́шей, то была́ ещё разнообра́знее. Я по́мню из них три: неме́цкую брошю́ру об унаво́живании огоро́дов под капу́сту — без переплёта, оди́н том исто́рии Семиле́тней вой-
10 ны́ [8] — в перга́менте, прожжённом с одного́ угла́, и по́лный курс гидроста́тики. Карл Ива́ныч бо́льшую часть своего́ вре́мени проводи́л за чте́нием, да́же испо́ртил им своё зре́ние; но, кро́ме э́тих книг и «Се́верной пчелы́» [9], он ничего́ не чита́л.

В числе́ предме́тов, лежа́вших на по́лочке Ка́рла Ива́ныча,
15 был оди́н, кото́рый бо́льше всего́ мне его́ напомина́ет. Это — кружо́к из кардо́на, вста́вленный в деревя́нную но́жку, в кото́рой кружо́к э́тот подвига́лся посре́дством шпенько́в. На кружке́ была́ накле́ена карти́нка, представля́ющая карикату́ры како́й-то ба́рыни и парикма́хера. Карл Ива́ныч о́чень хорошо́
20 кле́ил и кружо́к э́тот сам изобрёл и сде́лал для того́, чтобы защища́ть свои́ сла́бые глаза́ от я́ркого све́та.

Как тепе́рь ви́жу я перед собо́й дли́нную фигу́ру в ва́точном хала́те и в кра́сной ша́почке, из-под кото́рой видне́ются ре́дкие седы́е во́лосы. Он сиди́т по́дле сто́лика, на кото́ром
25 стои́т кружо́к с парикма́хером, броса́вшим тень на его́ лицо́; в одно́й руке́ он де́ржит кни́гу, друга́я поко́ится на ру́чке кре́сел; по́дле него́ лежа́т часы́ с нарисо́ванным е́герем на цифербла́те, кле́тчатый плато́к, чёрная кру́глая табаке́рка, зелёный футля́р для очко́в, щипцы́ на лото́чке. Всё э́то так чи́нно,
30 аккура́тно лежи́т на своём ме́сте, что по одному́ э́тому поря́дку мо́жно заключи́ть, что у Ка́рла Ива́ныча со́весть чиста́ и душа́ поко́йна.

Быва́ло, как до́сыта набе́гаешься внизу́ по за́ле, на цы́почках прокра́дёшься на верх, в кла́ссную, смо́тришь — Карл Ива́ныч сиди́т себе́ оди́н на своём кре́сле и с споко́йно-велича́вым выраже́нием чита́ет каку́ю-нибудь из свои́х люби́мых книг.

* «Исто́рия путеше́ствий» (*франц.*).

4

Иногда́ я застава́л его́ и в таки́е мину́ты, когда́ он не чита́л: очки́ спуска́лись ни́же на большо́м орли́ном носу́, голубы́е полузакры́тые глаза́ смотре́ли с каки́м-то осо́бенным выраже́нием, а гу́бы гру́стно улыба́лись. В ко́мнате ти́хо; то́лько слы́шно его́ равноме́рное дыха́ние и бой часо́в с е́герем.   5

Быва́ло, он меня́ не замеча́ет, а я стою́ у две́ри и ду́маю: «Бе́дный, бе́дный стари́к! Нас мно́го, мы игра́ем, нам ве́село, а он — оди́н-одинёшенек, и никто́-то его́ не прила́скает. Пра́вду он говори́т, что он сирота́. И исто́рия его́ жи́зни кака́я ужа́сная! Я по́мню, как он расска́зывал её Никола́ю, — ужа́с- 10
но быть в его́ положе́нии!» И так жа́лко ста́нет, что, быва́ло, подойдёшь к нему́, возьмёшь за́ руку и ска́жешь: «Lieber *
Карл Ива́ныч!» Он люби́л, когда́ я ему́ говори́л так; всегда́ прила́скает, и ви́дно, что растро́ган.

На друго́й стене́ висе́ли ландка́рты,   все почти́ изо́рван- 15
ные, но иску́сно подкле́енные руко́ю Ка́рла Ива́ныча. На тре́тьей стене́, в середи́не кото́рой была́ дверь вниз, с одно́й стороны́ висе́ли две лине́йки: одна́ — изре́занная, на́ша, дру-
га́я — но́венькая, *со́бственная,* употребля́емая им бо́лее для поощре́ния, чем для линева́ния; с друго́й — чёрная доска́, на 20
кото́рой кружка́ми отмеча́лись на́ши больши́е просту́пки и кре́стиками — ма́ленькие. Нале́во от доски́ был у́гол, в кото́-
рый нас ста́вили на коле́ни.

Как мне па́мятен э́тот у́гол! По́мню засло́нку в печи́, от-
ду́шник в э́той засло́нке и шум, кото́рый он производи́л, когда́ 25
его́ повора́чивали. Быва́ло, стои́шь, стои́шь в углу́, так что коле́ни и спина́ заболя́т, и ду́маешь: «Забы́л про меня́ Карл Ива́ныч: ему́, должно́ быть, поко́йно сиде́ть на мя́гком кре́сле и чита́ть свою́ гидроста́тику, — а каково́ мне?» — и начнёшь, чтобы напо́мнить о себе́, потихо́ньку отворя́ть и затворя́ть за- 30
сло́нку и́ли ковыря́ть штукату́рку со стены́; но е́сли вдруг упадёт с шу́мом сли́шком большо́й кусо́к на зе́млю — пра́во, оди́н страх ху́же вся́кого наказа́ния. Огля́нешься на Ка́рла Ива́ныча, — а он сиди́т себе́ с кни́гой в руке́ и как бу́дто ни-
чего́ не замеча́ет.

В середи́не ко́мнаты стоя́л стол, покры́тый обо́рванной чёрной клеёнкой, из-под кото́рой во мно́гих места́х видне́лись

* Ми́лый (*нем.*).

5

края, изрезанные перочинными ножами. Кругом стола было несколько некрашеных, но от долгого употребления залакированных табуретов. Последняя стена была занята тремя окошками. Вот какой был вид из них: прямо под окнами дорога, на которой каждая выбоина, каждый камешек, каждая колея давно знакомы и милы мне; за дорогой — стриженая липовая аллея, из-за которой кое-где виднеется плетёный частокол; через аллею виден луг, с одной стороны которого гумно, а напротив лес; далеко в лесу видна избушка сторожа. Из окна направо видна часть террасы, на которой сиживали обыкновенно большие до обеда. Бывало, покуда поправляет Карл Иваныч лист с диктовкой, выглянешь в ту сторону, видишь чёрную головку матушки, чью-нибудь спину и смутно слышишь оттуда говор и смех; так сделается досадно, что нельзя там быть, и думаешь: «Когда же я буду большой, перестану учиться и всегда буду сидеть не за диалогами[10], а с теми, кого я люблю?» Досада перейдёт в грусть, и, бог знает отчего и о чём, так задумаешься, что и не слышишь, как Карл Иваныч сердится за ошибки.

Карл Иваныч снял халат, надел синий фрак с возвышениями и сборками на плечах, оправил перед зеркалом свой галстук и повёл нас вниз — здороваться с матушкой.

Глава II
MAMAN

Матушка сидела в гостиной и разливала чай; одной рукой она придерживала чайник, другою — кран самовара, из которого вода текла через верх чайника на поднос. Но хотя она смотрела пристально, она не замечала этого, не замечала и того, что мы вошли.

Так много возникает воспоминаний прошедшего, когда стараешься воскресить в воображении черты любимого существа, что сквозь эти воспоминания, как сквозь слёзы, смутно видишь их. Это слёзы воображе́ния. Когда́ я стара́юсь вспо́мнить ма́тушку тако́ю, како́ю она́ была́ в э́то вре́мя, мне представля́ются то́лько её ка́рие глаза́, выража́ющие всегда́ одина́ковую доброту́ и любо́вь, ро́динка на ше́е, немно́го ни́же того́ ме́ста, где вью́тся ма́ленькие воло́сики, ши́тый бе́лый воротничо́к, не́жная суха́я рука́, кото́рая так ча́сто меня́ ласка́ла и кото́рую я так ча́сто целова́л; но о́бщее выраже́ние ускольза́ет от меня́. 5

Нале́во от дива́на стоя́л ста́рый англи́йский роя́ль; перед роя́лем сиде́ла черома́зенькая моя́ сестри́ца Любо́чка[11] и ро́зовенькими, то́лько что вы́мытыми холо́дной водо́й па́льчиками с заме́тным напряже́нием разы́грывала этю́ды Clementi.[12] Ей 10 бы́ло оди́ннадцать лет; она́ ходи́ла в коро́теньком холсти́нковом пла́тьице, в бе́леньких, обши́тых кру́жевом пантало́нчиках и окта́вы могла́ брать то́лько arpeggio *. По́дле неё вполуоборо́т сиде́ла Ма́рья Ива́новна в чепце́ с ро́зовыми ле́нтами, в 15 голубо́й кацаве́йке и с кра́сным серди́тым лицо́м, кото́рое при́няло ещё бо́лее стро́гое выраже́ние, как то́лько вошёл Карл Ива́ныч. Она́ гро́зно посмотре́ла на него́ и, не отвеча́я на его́ покло́н, продолжа́ла, то́пая ного́й, счита́ть: «Un, deux, trois, un, deux, trois»†, — ещё гро́мче и повели́тельнее, чем 20 пре́жде.

Карл Ива́ныч, не обраща́я на э́то ро́вно никако́го внима́ния, по своему́ обыкнове́нию, с неме́цким приве́тствием подошёл пря́мо к ру́чке ма́тушки. Она́ опо́мнилась, тряхну́ла голо́вкой, как бу́дто жела́я э́тим движе́нием отогна́ть гру́стные 25 мы́сли, подала́ ру́ку Ка́рлу Ива́нычу и поцелова́ла его́ в морщи́нистый висо́к, в то вре́мя как он целова́л её ру́ку.

— Ich danke, lieber‡ Карл Ива́ныч, — и, продолжа́я говори́ть по-неме́цки, она́ спроси́ла: — Хорошо́ ли спа́ли де́ти?

Карл Ива́ныч был глух на одно́ у́хо, а тепе́рь от шу́ма за 30 роя́лем во́все ничего́ не слыха́л. Он нагну́лся бли́же к дива́ну, опёрся одно́й руко́й о стол, сто́я на одно́й ноге́, и с улы́бкой, кото́рая тогда́ мне каза́лась ве́рхом утончённости, приподня́л ша́почку над голово́й и сказа́л:

— Вы меня́ извини́те, Ната́лья Никола́евна?

---

* А р п е́ д ж и о — зву́ки акко́рда, сле́дующие оди́н за други́м.
† Раз, два, три, раз, два, три (*франц.*).
‡ Благодарю́, ми́лый (*нем.*).

7

Карл Иваныч, чтобы не простудить своей голой головы, никогда не снимал красной шапочки, но всякий раз, входя в гостиную, спрашивал на это позволения.

— Наденьте, Карл Иваныч... Я вас спрашиваю, хорошо ли спали дети? — сказала maman, подвинувшись к нему и довольно громко.

Но он опять ничего не слыхал, прикрыл лысину красной шапочкой и ещё милее улыбался.

— Постойте на минутку, Мими, — сказала maman Марье Ивановне с улыбкой, — ничего не слышно.

Когда матушка улыбалась, как ни хорошо было её лицо, оно делалось несравненно лучше, и кругом всё как будто веселело. Если бы в тяжёлые минуты жизни я хоть мельком мог видеть эту улыбку, я бы не знал, что такое горе. Мне кажется, что в одной улыбке состоит то, что называют красотою лица: если улыбка прибавляет прелести лицу, то лицо прекрасно; если она не изменяет его, то оно обыкновенно; если она портит его, то оно дурно.

Поздоровавшись со мною, maman взяла обеими руками мою голову и откинула её назад, потом посмотрела пристально на меня и сказала:

— Ты плакал сегодня?

Я не отвечал. Она поцеловала меня в глаза и по-немецки спросила:

— О чём ты плакал?

Когда она разговаривала с нами дружески, она всегда говорила на этом языке, который знала в совершенстве.

— Это я во сне плакал, maman, — сказал я, припоминая со всеми подробностями выдуманный сон[13] и невольно содрогаясь при этой мысли.

Карл Иваныч подтвердил мои слова, но умолчал о сне. Поговорив ещё о погоде, — разговор, в котором приняла участие и Мими, — maman положила на поднос шесть кусочков сахару для некоторых почётных слуг, встала и подошла к пяльцам, которые стояли у окна.

— Ну, ступайте теперь к папа, дети, да скажите ему, чтобы он непременно ко мне зашёл, прежде чем пойдёт на гумно.

Му́зыка, счита́нье и гро́зные взгля́ды опя́ть начали́сь, а мы пошли́ к папа́. Пройдя́ ко́мнату, удержа́вшую ещё от времён де́душки назва́ние *официа́нтской*, мы вошли́ в кабине́т.

Глава́ III

ПАПА́

Он стоя́л по́дле пи́сьменного стола́ и, ука́зывая на каки́е-то конве́рты, бума́ги и ку́чки де́нег, горячи́лся и с жа́ром толкова́л что́-то прика́зчику Я́кову Миха́йлову, кото́рый, сто́я на своём обы́чном ме́сте, ме́жду две́рью и баро́метром, заложи́в ру́ки за́ спину, о́чень бы́стро и в ра́зных направле́ниях шевели́л па́льцами.

Чем бо́льше горячи́лся папа́, тем быстре́е дви́гались па́льцы, и наоборо́т, когда́ папа́ замолка́л, и па́льцы остана́вливались; но когда́ Я́ков сам начина́л говори́ть, па́льцы приходи́ли в сильне́йшее беспоко́йство и отча́янно пры́гали в ра́зные сто́роны. По их движе́ниям, мне ка́жется, мо́жно бы бы́ло уга́дывать та́йные мы́сли Я́кова; лицо́ же его́ всегда́ бы́ло споко́йно — выража́ло созна́ние своего́ досто́инства и вме́сте с тем подвла́стности, то есть: я прав, а впро́чем, во́ля ва́ша! Уви́дев нас, папа́ то́лько сказа́л:

— Погоди́те, сейча́с.

И показа́л движе́нием головы́ дверь, что́бы кто́-нибудь из нас затвори́л её.

— Ах, бо́же мой ми́лостивый! что с тобо́й ны́нче, Я́ков? — продолжа́л он к прика́зчику, подёргивая плечо́м (у него́ была́ э́та привы́чка). — Этот конве́рт со вложе́нием восьмисо́т рубле́й...

Я́ков подви́нул счёты, ки́нул восемьсо́т и устреми́л взо́ры на неопределённую то́чку, ожида́я, что бу́дет да́льше.

— ...для расхо́дов по эконо́мии в моём отсу́тствии. Понима́ешь? За ме́льницу ты до́лжен получи́ть ты́сячу рубле́й... так и́ли нет? Зало́гов из казны́ ты до́лжен получи́ть обра́тно во́семь ты́сяч; за се́но, кото́рого, по твоему́ же расчёту, мо́ж-

но прода́ть семь ты́сяч пудо́в, — кладу́ по со́рок пять ко-
пе́ек, — ты полу́чишь три ты́сячи; сле́довательно, всех де́нег
у тебя́ бу́дет ско́лько? Двена́дцать ты́сяч... так и́ли нет?

— Так то́чно-с,[14] — сказа́л Яков.

Но по быстроте́ движе́ний па́льцами я заме́тил, что он
хоте́л возрази́ть; папа́ переби́л его́:

— Ну, из э́тих-то де́нег ты и пошлёшь де́сять ты́сяч в Со-
ве́т за Петро́вское.[15] Тепе́рь де́ньги, кото́рые нахо́дятся в кон-
то́ре, — продолжа́л папа́ (Яков смеша́л пре́жние двена́дцать
ты́сяч и ки́нул два́дцать одну́ ты́сячу), — ты принесёшь мне
и ны́нешним же число́м пока́жешь в расхо́де (Яков смеша́л
счёты и переверну́л их, пока́зывая, должно́ быть, э́тим, что и
де́ньги два́дцать одна́ ты́сяча пропаду́т так же). Этот же кон-
ве́рт с деньга́ми ты переда́шь от меня́ по а́дресу.

Я бли́зко стоя́л от стола́ и взгляну́л на на́дпись. Бы́ло на-
пи́сано: «Ка́рлу Ива́новичу Ма́уеру».

Должно́ быть, заме́тив, что я прочёл то, чего́ мне знать не
ну́жно, папа́ положи́л мне ру́ку на плечо́ и лёгким движе́нием
показа́л направле́ние прочь от стола́. Я не по́нял, ла́ска ли
э́то и́ли замеча́ние, на вся́кий же слу́чай поцелова́л большу́ю
жи́листую ру́ку, кото́рая лежа́ла на моём плече́.

— Слу́шаю-с, — сказа́л Яков. — А како́е приказа́ние бу́-
дет насчёт хаба́ровских[16] де́нег?

Хаба́ровка была́ дере́вня *татап*.

— Оста́вить в конто́ре и отню́дь никуда́ не употребля́ть
без моего́ приказа́ния.

Яков помолча́л не́сколько секу́нд; пото́м вдруг па́льцы
его́ заверте́лись с уси́ленной быстрото́й, и он, перемени́в выра-
же́ние послу́шного тупоу́мия, с кото́рым слу́шал госпо́дские
приказа́ния, на сво́йственное ему́ выраже́ние плутова́той
сме́тливости, подви́нул к себе́ счёты и на́чал говори́ть:

— Позво́льте вам доложи́ть, Пётр Алекса́ндрыч,[17] что, как
вам бу́дет уго́дно, а в Сове́т к сро́ку заплати́ть нельзя́. Вы
изво́лите говори́ть, — продолжа́л он с расстано́вкой, —
что должны́ получи́ться де́ньги с зало́гов, с ме́льницы и с
се́на... (Высчи́тывая э́ти статьи́, он ки́нул их на ко́сти.[18]) Так
я бою́сь, как бы нам не ошиби́ться в расчётах, — приба́вил
он, помолча́в немно́го и глубокомы́сленно взгляну́в на папа́.

— Отчего?

— А вот изволите видеть: насчёт мельницы, так мельник уже два раза приходил ко мне отсрочки просить и Христом-богом божился,[19] что денег у него нет... да он и теперь здесь: так не угодно ли вам будет самим с ним поговорить?

— Что же он говорит? — спросил папа, делая головою знак, что не хочет говорить с мельником.

— Да известно что? говорит, что помолу совсем не было, что какие деньжонки были, так все в плотину посадил. Что ж, коли нам его снять, *сударь*,[20] так опять-таки найдём ли тут расчёт? Насчёт залогов изволили говорить, так я уже, кажется, вам докладывал, что наши денежки там сели и скоро их получить не придётся. Я намедни посылал в город к Ивану Афанасьичу воз муки и записку об этом деле: так они опять-таки отвечают, что и рад бы стараться для Петра Александрыча, но дело не в моих руках, а что, как по всему видно, так вряд ли и через два месяца получится ваша квитанция. Насчёт сена изволили говорить — положим, что и продастся на три тысячи...

Он кинул на счёты три тысячи и с минуту молчал, посматривая то на счёты, то в глаза папа с таким выражением: «Вы сами видите, как это мало! Да и на сене опять-таки проторгуем, коли его теперь продавать, вы сами изволите знать...»

Видно было, что у него ещё большой запас доводов; должно быть, поэтому папа перебил его.

— Я распоряжений своих не переменю, — сказал он, — но если в получении этих денег действительно будет задержка, то, нечего делать, возьмёшь из хабаровских, сколько нужно будет.

— Слушаю-с.

По выражению лица и пальцев Якова заметно было, что последнее приказание доставило ему большое удовольствие.

Яков был крепостной, весьма усердный и преданный человек; он, как и все хорошие приказчики, был до крайности скуп за своего господина и имел о выгодах господских самые странные понятия. Он вечно заботился о приращении собственности своего господина на счёт собственности госпожи, стараясь доказывать, что необходимо употреблять все доходы

11

с её имений на Петровское (село, в котором мы жили). В настоящую минуту он торжествовал, потому что совершенно успел в этом.

Поздоровавшись, папа сказал, что будет нам в деревне баклуши бить[21], что мы перестали быть маленькими и что пора нам серьёзно учиться.

— Вы уже знаете, я думаю, что я нынче в ночь еду в Москву и беру вас с собою, — сказал он. — Вы будете жить у бабушки, а maman с девочками остаётся здесь. И вы это знайте, что одно для неё будет утешение — слышать, что вы учитесь хорошо и что вами довольны.

Хотя по приготовлениям, которые за несколько дней заметны были, мы уже ожидали чего-то необыкновенного, однако новость эта поразила нас ужасно. Володя покраснел и дрожащим голосом передал поручение матушки.

«Так вот что предвещал мне мой сон! — подумал я, — дай бог только, чтобы не было чего-нибудь ещё хуже».

Мне очень, очень жалко стало матушку, и вместе с тем мысль, что мы точно стали большие, радовала меня.

«Ежели мы нынче едем, то, верно, классов не будет; это славно! — думал я. — Однако жалко Карла Иваныча. Его, верно, отпустят, потому что иначе не приготовили бы для него конверта... Уж лучше бы век учиться да не уезжать, не расставаться с матушкой и не обижать бедного Карла Иваныча. Он и так очень несчастлив!»

Мысли эти мелькали в моей голове; я не трогался с места и пристально смотрел на чёрные бантики своих башмаков.

Сказав с Карлом Иванычем ещё несколько слов о понижении барометра и приказав Якову не кормить собак, с тем чтобы на прощанье выехать после обеда послушать молодых гончих, папа, против моего ожидания, послал нас учиться, утешив, однако, обещанием взять на охоту.

По дороге на верх я забежал на террасу. У дверей на солнышке, зажмурившись, лежала любимая борзая собака отца — Милка.

— Милочка, — говорил я, лаская её и целуя в морду, — мы нынче едем; прощай! никогда больше не увидимся.

Я расчувствовался и заплакал.

Глава IV

КЛАССЫ

Карл Иваныч был очень не в духе. Это было заметно по его сдвинутым бровям и по тому, как он швырнул свой сюртук в комод, и как сердито подпоясался, и как сильно черкнул ногтем по книге диалогов, чтобы означить то место, до которого мы должны были вытвердить. Володя учился порядочно; я же так был расстроен, что решительно ничего не мог делать. Долго бессмысленно смотрел я в книгу диалогов, но от слёз, набиравшихся мне в глаза при мысли о предстоящей разлуке, не мог читать; когда же пришло время говорить их Карлу Иванычу, который, зажмурившись, слушал меня (это был дурной признак), именно на том месте, где один говорит: «Wo kommen sie her?»*, а другой отвечает: «Ich komme vom Kaffe-Hause»†, — я не мог более удерживать слёз и от рыданий не мог произнести: «Haben sie die Zeitung nicht gelesen?»‡ Когда дошло дело до чистописания, я от слёз, падавших на бумагу, наделал таких клякс, как будто писал водой на обёрточной бумаге.

Карл Иваныч рассердился, поставил меня на колени, твердил, что это упрямство, кукольная комедия (это было любимое его слово), угрожал линейкой и требовал, чтобы я просил прощенья, тогда как я от слёз не мог слова вымолвить; наконец, должно быть, чувствуя свою несправедливость, он ушёл в комнату Николая и хлопнул дверью.

Из классной слышен был разговор в комнате дядьки.

— Ты слышал, Николай, что дети едут в Москву? — сказал Карл Иваныч, входя в комнату.

— Как же-с, слышал.

Должно быть, Николай хотел встать, потому что Карл Иваныч сказал: «Сиди, Николай!» — и вслед за этим затворил дверь. Я вышел из угла и подошёл к двери подслушивать.

---

* Откуда вы идёте? (*нем.*)
† Я иду из кофейни (*нем.*).
‡ Вы не читали газету? (*нем.*)

13

— Сколько ни делай добра людям, как ни будь привязан, видно, благодарности нельзя ожидать, Николай? — говорил Карл Иваныч с чувством.

Николай, сидя у окна за сапожной работой, утвердительно кивнул головой.

— Я двенадцать лет живу в этом доме и могу сказать перед богом, Николай, — продолжал Карл Иваныч, поднимая глаза и табакерку к потолку, — что я их любил и занимался ими больше, чем ежели бы это были мои собственные дети. Ты помнишь, Николай, когда у Володеньки была горячка, помнишь, как я девять дней, не смыкая глаз, сидел у его постели. Да! тогда я был добрый, милый Карл Иваныч, тогда я был нужен; а теперь, — прибавил он, иронически улыбаясь, — теперь *дети большие стали: им надо серьёзно учиться*. Точно они здесь не учатся, Николай?

— Как же ещё учиться, кажется, — сказал Николай, положив шило и протягивая обеими руками дратвы.

— Да, теперь я не нужен стал, меня и надо прогнать; а где обещания? где благодарность? Наталью Николаевну я уважаю и люблю, Николай, — сказал он, прикладывая руку к груди, — да что она?.. её воля в этом доме всё равно, что вот это, — при этом он с выразительным жестом кинул на пол обрезок кожи. — Я знаю, чьи это штуки и отчего я стал ненужен: оттого, что я не льщу и не потакаю во всём, как *иные люди*. Я привык всегда и перед всеми говорить правду, — сказал он гордо. — Бог с ними! Оттого, что меня не будет, они не разбогатеют, а я, бог милостив, найду себе кусок хлеба... не так ли, Николай?

Николай поднял голову и посмотрел на Карла Иваныча так, как будто желая удостовериться, действительно ли может он найти кусок хлеба, — но ничего не сказал.

Много и долго говорил в этом духе Карл Иваныч: говорил о том, как лучше умели ценить его заслуги у какого-то генерала, где он прежде жил (мне очень больно было это слышать), говорил о Саксонии, о своих родителях, о друге своём портном Schönheit и т. д., и т. д.

Я сочувствовал его горю, и мне больно было, что отец и Карл Иваныч, которых я почти одинаково любил, не поняли друг друга; я опять отправился в угол, сел на пятки и рассуждал о том, как бы восстановить между ними согласие.

Вернувшись в классную, Карл Иваныч велел мне встать и приготовить тетрадь для писания под диктовку. Когда всё было готово, он величественно опустился в своё кресло и голосом, который, казалось, выходил из какой-то глубины, начал диктовать следующее: «Von al-len Lei-den-schaf-ten die grausamste ist... haben sie geschrieben?»* Здесь он остановился, медленно понюхал табаку и продолжал с новой силой: «Die grausamste ist die Un-dank-bar-keit... Ein grosses U»†. В ожидании продолжения, написав последнее слово, я посмотрел на него.

— Punctum‡, — сказал он с едва заметной улыбкой и сделал знак, чтобы мы подали ему тетради.

Несколько раз, с различными интонациями* и с выражением величайшего удовольствия, прочёл он это изречение, выражавшее его задушевную мысль; потом задал нам урок из истории и сел у окна. Лицо его не было угрюмо, как прежде; оно выражало довольство человека, достойно отмстившего за нанесённую ему обиду.

Было без четверти час; но Карл Иваныч, казалось, и не думал о том, чтобы отпустить нас: он то и дело задавал новые уроки. Скука и аппетит увеличивались в одинаковой мере. Я с сильным нетерпением следил за всеми признаками, доказывавшими близость обеда. Вот дворовая женщина с мочалкой идёт мыть тарелки, вот слышно, как шумят посудой в буфете, раздвигают стол и ставят стулья, вот и Мими с Любочкой и Катенькой (Катенька — двенадцатилетняя дочь Мими) идут из саду; но не видать Фоки — дворецкого Фоки, который всегда приходит и объявляет, что кушать готово. Тогда только можно будет бросить книги и, не обращая внимания на Карла Иваныча, бежать вниз.

---

* Из всех пороков самый ужасный... написали? *(нем.)*
† Самый ужасный — это неблагодарность... с большой буквы *(нем.)*. (По правилам немецкого правописания все существительные пишутся с большой буквы.)
‡ Точка *(лат.)*.

Вот слы́шны шаги́ по ле́стнице; но э́то не Фо́ка! Я изучи́л его похо́дку и всегда́ узна́ю скрип его сапо́гов. Дверь отвори́лась, и в ней показа́лась фигу́ра, мне соверше́нно незнако́мая.

Глава́ V

ЮРОДИВЫЙ [22]

В ко́мнату вошёл челове́к лет пятиде-
5 сяти, с бле́дным, изры́тым о́спою продол-
гова́тым лицо́м, [23] дли́нными седы́ми воло-
са́ми и ре́дкой рыжева́той боро́дкой. Он
был тако́го большо́го ро́ста, что для то-
го́, что́бы пройти́ в дверь, ему́ не то́лько
10 ну́жно бы́ло нагну́ть го́лову, но и согну́ть-
ся всем те́лом. На нём бы́ло наде́то что́-то
изо́рванное, похо́жее на кафта́н и на под-
ря́сник; в руке́ он держа́л огро́мный по́сох.
Войдя́ в ко́мнату, он из всех сил сту́кнул
15 им по́ полу и, скриви́в бро́ви и чрезме́рно
раскры́в рот, захохота́л са́мым стра́шным и неесте́ственным
о́бразом. Он был крив на оди́н глаз, и бе́лый зрачо́к э́того
гла́за пры́гал беспреста́нно и придава́л его́ и без того́ некра-
си́вому лицу́ ещё бо́лее отврати́тельное выраже́ние.
20 — Ага́! попа́лись! — закрича́л он, ма́ленькими шажка́ми
подбега́я к Воло́де, схвати́л его́ за́ голову и на́чал тща́тельно
рассма́тривать его́ маку́шку, — пото́м с соверше́нно серьёзным
выраже́нием отошёл от него́, подошёл к столу́ и на́чал дуть
под клеёнку и кре́стить её. — О-ох жа́лко! О-ох бо́льно!..
25 серде́чные... улетя́т, — заговори́л он пото́м дрожа́щим от слёз
го́лосом, с чу́вством всма́триваясь в Воло́дю, и стал утира́ть
рукаво́м действи́тельно па́давшие слёзы.
Го́лос его́ был груб и хрипл, движе́ния торопли́вы и неро́в-
ны, речь бессмы́сленна и несвя́зна (он никогда́ не употребля́л
30 местоиме́ний), но ударе́ния так тро́гательны и жёлтое уро́д-
ливое лицо́ его́ принима́ло иногда́ тако́е открове́нно печа́ль-
ное выраже́ние, что, слу́шая его́, нельзя́ бы́ло удержа́ться от
како́го-то сме́шанного чу́вства сожале́ния, стра́ха и гру́сти.

16

Это был юродивый и странник Гриша.

Откуда был он? кто были его родители? что побудило его избрать странническую жизнь, какую он вёл? Никто не знал этого. Знаю только то, что он с пятнадцатого года стал известен как юродивый, который зиму и лето ходит босиком, посещает монастыри, дарит образочки[24] тем, кого полюбит, и говорит загадочные слова, которые некоторыми принимаются за предсказания, что никто никогда не знал его в другом виде, что он изредка хаживал к бабушке и что одни говорили, будто он несчастный сын богатых родителей и чистая душа, а другие, что он просто мужик и лентяй.

Наконец явился давно желанный и пунктуальный Фока, и мы пошли вниз. Гриша, всхлипывая и продолжая говорить разную нелепицу, шёл за нами и стучал костылём по ступенькам лестницы. Папа и maman ходили рука об руку по гостиной и о чём-то тихо разговаривали. Марья Ивановна чинно сидела на одном из кресел, симметрично, под прямым углом, примыкавшем к дивану, и строгим, но сдержанным голосом давала наставления сидевшим подле неё девочкам. Как только Карл Иваныч вошёл в комнату, она взглянула на него, тотчас же отвернулась, и лицо её приняло выражение, которое можно передать так: я вас не замечаю, Карл Иваныч. По глазам девочек заметно было, что они очень хотели поскорее передать нам какое-то очень важное известие; но вскочить с своих мест и подойти к нам было бы нарушением правил Мими. Мы сначала должны были подойти к ней, сказать: «Bonjour, Mimi»*, шаркнуть ногой, а потом уже позволялось вступать в разговоры.

Что за несносная особа была эта Мими! При ней, бывало, ни о чём нельзя было говорить: она всё находила неприличным. Сверх того, она беспрестанно приставала: «Parlez donc francais»[†], а тут-то, как назло[25] так и хочется болтать по-русски; или за обедом — только что войдёшь во вкус какого-нибудь кушанья и желаешь, чтобы никто не мешал, уж она непременно: «Mangez donc avec du pain» или «Comment ce

---

* Добрый день, Мими (*франц.*).
† Говорите же по-французски (*франц.*).

17

que vous tenez votre fourchette?»* «И како́е ей до нас де́ло! — поду́маешь. — Пуска́й она́ у́чит свои́х де́вочек, а у нас есть на э́то Карл Ива́ныч». Я вполне́ разделя́л его́ не́нависть к *ины́м лю́дям*.

— Попроси́ мама́шу, чтобы нас взя́ли на охо́ту, — сказа́ла Ка́тенька шёпотом, остана́вливая меня́ за ку́рточку, когда́ больши́е прошли́ вперёд в столо́вую.

— Хорошо́, постара́емся.

Гри́ша обе́дал в столо́вой, но за осо́бенным сто́ликом; он не поднима́л глаз с свое́й таре́лки, и́зредка вздыха́л, де́лал стра́шные грима́сы и говори́л, как бу́дто сам с собо́ю: «Жа́лко!.. улете́ла... улети́т го́лубь в не́бо... ох, на моги́ле ка́мень!..» и т. п.

Maman с утра́ была́ расстро́ена; прису́тствие, слова́ и посту́пки Гри́ши заме́тно уси́ливали в ней э́то расположе́ние.

— Ах да, я бы́ло и забы́ла попроси́ть тебя́ об одно́й ве́щи, — сказа́ла она́, подава́я отцу́ таре́лку с су́пом.

— Что тако́е?

— Вели́, пожа́луйста, запира́ть свои́х стра́шных соба́к, а то они́ чуть не закуса́ли бе́дного Гри́шу, когда́ он проходи́л по́ двору. Они́ э́так и на дете́й мо́гут бро́ситься.

Услыха́в, что речь идёт о нём, Гри́ша поверну́лся к столу́, стал пока́зывать изо́рванные по́лы свое́й оде́жды и, пережёвывая, пригова́ривать:

— Хоте́л, чтобы загры́зли... Бог не попусти́л. Грех соба́ками трави́ть! большо́й грех! Не бей, *больша́к*†, что бить? Бог прости́т... дни не таки́е.

— Что э́то он говори́т? — спроси́л папа́, при́стально и стро́го рассма́тривая его́. — Я ничего́ не понима́ю.

— А я понима́ю, — отвеча́ла maman, — он мне расска́зывал, что како́й-то охо́тник наро́чно на него́ пуска́л соба́к, так он и говори́т: «Хоте́л, чтобы загры́зли, но бог не попусти́л», — и про́сит тебя́, чтобы ты за э́то не нака́зывал его́.

— А! вот что! — сказа́л папа́. — Почём же он зна́ет, что я хочу́ нака́зывать э́того охо́тника? Ты зна́ешь, я вообще́ не большо́й охо́тник до э́тих госпо́д,[26] — продолжа́л он по-францу́зски, — но э́тот осо́бенно мне не нра́вится и до́лжен быть...

---

* Ешьте же с хле́бом. Как вы де́ржите ви́лку? (*франц.*)
† Так он безразли́чно называ́л всех мужчи́н. (*Примеч. Л. Н. Толсто́го.*)

— Ах, не говори этого, мой друг, — прервала его maman, как будто испугавшись чего-нибудь, — почём ты знаешь?

— Кажется, я имел случай изучить эту породу людей — их столько к тебе ходит, — все на один покрой. Вечно одна и та же история...

Видно было, что матушка на этот счёт была совершенно другого мнения и не хотела спорить.

— Передай мне, пожалуйста, пирожок, — сказала она. — Что, хороши ли они нынче?

— Нет, меня сердит, — продолжал папа, взяв в руку пирожок, но держа его на таком расстоянии, чтобы maman не могла достать его, — нет, меня сердит, когда я вижу, что люди умные и образованные вдаются в обман.

И он ударил вилкой по столу.

— Я тебя просила передать мне пирожок, — повторила она, протягивая руку.

— И прекрасно делают, — продолжал папа, отодвигая руку, — что таких людей сажают в полицию. Они приносят только ту пользу, что расстраивают и без того слабые нервы некоторых особ, — прибавил он с улыбкой, заметив, что этот разговор очень не нравился матушке, и подал ей пирожок.

— Я на это тебе только одно скажу: трудно поверить, чтобы человек, который, несмотря на свои шестьдесят лет, зиму и лето ходит босой и, не снимая, носит под платьем вериги в два пуда весом и который не раз отказывался от предложений жить спокойно и на всём готовом,[27] — трудно поверить, чтобы такой человек всё это делал только из лени. Насчёт предсказаний, — прибавила она со вздохом и помолчав немного, — je suis payée pour y croire*; я тебе рассказывала, кажется, как Кирюша день в день, час в час предсказал покойнику папеньке его кончину.

— Ах, что ты со мной сделала! — сказал папа, улыбаясь и приставив руку ко рту с той стороны, с которой сидела Мими. (Когда он это делал, я всегда слушал с напряжённым вниманием, ожидая чего-нибудь смешного.) — Зачем ты мне напомнила об его ногах? я посмотрел и теперь ничего есть не буду.

---

* Я верю в них недаром (франц.).

19

Обед клонился к концу. Любочка и Катенька беспрестанно подмигивали нам, вертелись на своих стульях и вообще изъявляли сильное беспокойство. Подмигивание это значило: «Что же вы не просите, чтобы нас взяли на охоту?» Я толкнул локтем Володю, Володя толкнул меня и, наконец, решился: сначала робким голосом, потом довольно твёрдо и громко, он объяснил, что так как мы нынче должны ехать, то желали бы, чтобы девочки вместе с нами поехали на охоту, в линейке. После небольшого совещания между большими вопрос этот решён был в нашу пользу, и — что было ещё приятнее — maman сказала, что она сама поедет с нами.

Глава VI

ПРИГОТОВЛЕНИЯ К ОХОТЕ

Во время пирожного был позван Яков и отданы приказания насчёт линейки, собак и верховых лошадей — всё с величайшею подробностию, называя каждую лошадь по имени. Володина лошадь хромала; папа велел оседлать для него охотничью. Это слово: «охотничья лошадь» — как-то странно звучало в ушах maman: ей казалось, что охотничья лошадь должна быть что-то вроде бешеного зверя и что она непременно понесёт и убьёт Володю. Несмотря на увещания папа и Володи, который с удивительным молодечеством говорил, что это ничего и что он очень любит, когда лошадь несёт, бедняжка maman продолжала твердить, что она всё гулянье будет мучиться.

Обед кончился; большие пошли в кабинет пить кофе, а мы побежали в сад шаркать ногами по дорожкам, покрытым упадшими жёлтыми листьями, и разговаривать. Начались разговоры о том, что Володя поедет на «охотничьей лошади», о том, как стыдно, что Любочка тише бегает, чем Катенька, о том, что интересно было бы посмотреть вериги Гриши, и т. д.; о том же, что мы расстаёмся, ни слова не было сказано. Разговор наш был прерван стуком подъезжавшей линейки, на

20

которой у ка́ждой рессо́ры сиде́ло по дворо́вому ма́льчику. За линейкой е́хали охо́тники с соба́ками, за охо́тниками — ку́чер Игна́т на назна́ченной Воло́де ло́шади и вёл в поводу́ моего́ стари́нного клѐпера[29]. Снача́ла мы все бро́сились к забо́ру, от кото́рого видны́ бы́ли все э́ти интере́сные ве́щи, а пото́м с ви́згом и то́потом побежа́ли на верх одева́ться, и одева́ться так, что́бы как мо́жно бо́лее походи́ть на охо́тников. Одно́ из гла́вных к тому́ средств бы́ло всу́чивание пантало́н в сапоги́. Нима́ло не ме́для, мы приняли́сь за э́то де́ло, торопя́сь скоре́е ко́нчить его́ и бежа́ть на крыльцо́, наслажда́ться ви́дом соба́к, лошаде́й и разгово́ром с охо́тниками.

День был жа́ркий. Бе́лые, причу́дливых форм ту́чки с утра́ показа́лись на горизо́нте; пото́м всё бли́же и бли́же стал сгоня́ть их ма́ленький ветеро́к, так что и́зредка они́ закрыва́ли со́лнце. Ско́лько ни ходи́ли и ни черне́ли ту́чи, ви́дно не сужде́но им бы́ло собра́ться в грозу́ и в после́дний раз помеша́ть на́шему удово́льствию. К ве́черу они́ опя́ть ста́ли расходи́ться: одни́ побледне́ли, подлинне́ли и бежа́ли на горизо́нт; други́е, над са́мой голово́й, преврати́лись в бе́лую прозра́чную чешую́; одна́ то́лько чёрная больша́я ту́ча останови́лась на восто́ке. Карл Ива́ныч всегда́ знал, куда́ кака́я ту́ча пойдёт; он объяви́л, что э́та ту́ча пойдёт к Ма́словке, что дождя́ не бу́дет и пого́да бу́дет превосхо́дная.

Фо́ка, несмотря́ на свои́ преклонные ле́та, сбежа́л с ле́стницы о́чень ло́вко и ско́ро, кри́кнул: «Подава́й!» — и, раздви́нув но́ги, твёрдо стал посреди́не подъе́зда, ме́жду тем ме́стом, куда́ до́лжен был подкати́ть линейку ку́чер, и поро́гом, в пози́ции челове́ка, кото́рому не ну́жно напомина́ть о его́ обя́занности. Ба́рыни сошли́ и по́сле небольшо́го пре́ния о том, кому́ на како́й стороне́ сиде́ть и за кого́ держа́ться (хотя́, мне ка́жется, совсе́м не ну́жно бы́ло держа́ться), усе́лись, раскры́ли зо́нтики и пое́хали. Когда́ линейка тро́нулась, *maman*, ука́зывая на «охо́тничью ло́шадь», спроси́ла дрожа́щим го́лосом у ку́чера:

— Эта для Влади́мира Петро́вича ло́шадь?

И когда́ ку́чер отвеча́л утверди́тельно, она́ махну́ла руко́й и отверну́лась. Я был в си́льном нетерпе́нии: взлез на свою́ лоша́дку, смотре́л ей ме́жду уше́й и де́лал по́ дво́ру ра́зные эволю́ции[30].

— Соба́к не изво́льте раздави́ть, — сказа́л мне како́й-то охо́тник.

— Будь поко́ен: мне не в пе́рвый раз, — отвеча́л я го́рдо.

Воло́дя сел на «охо́тничью ло́шадь», несмотря́ на твёрдость своего́ хара́ктера, не без не́которого содрога́ния и, огла́живая её, не́сколько раз спроси́л:

— Смирна́ ли она́?

На ло́шади же он был о́чень хоро́ш — то́чно большо́й. Об-тя́нутые ля́жки его́ лежа́ли на седле́ так хорошо́, что мне бы́ло зави́дно, — осо́бенно потому́, что, ско́лько я мог суди́ть по те́ни, я далеко́ не име́л тако́го прекра́сного ви́да.

Вот послы́шались шаги́ папа́ на ле́стнице; выжля́тник подогна́л отры́скавших го́нчих; охо́тники с борзы́ми подозва́ли свои́х и ста́ли сади́ться. Стремя́нный подвёл ло́шадь к крыльцу́; соба́ки сво́ры папа́, кото́рые пре́жде лежа́ли в ра́зных живопи́сных по́зах о́коло неё, бро́сились к нему́. Вслед за ним, в би́серном оше́йнике, побря́кивая желе́зкой, ве́село вы́бежала Ми́лка. Она́, выходя́, всегда́ здоро́валась с пса́рными соба́ками: с одни́ми поигра́ет, с други́ми поню́хается и порычи́т, а у не́которых пои́щет блох.

Папа́ сел на ло́шадь, и мы пое́хали.

Глава́ VII

ОХОТА

Доезжа́чий, прозыва́вшийся Ту́рка, на голубо́й горбоно́сой ло́шади, в мохна́той ша́пке, с огро́мным ро́гом за плеча́ми и ножо́м на по́ясе, е́хал впереди́ всех. По мра́чной и свире́пой нару́жности э́того челове́ка скоре́е мо́жно бы́ло поду́мать, что он е́дет на сме́ртный бой, чем на охо́ту. О́коло за́дних ног его́ ло́шади пёстрым, волну́ющимся клубко́м бежа́ли со́мкнутые го́нчие. Жа́лко бы́ло ви́деть, кака́я у́часть постига́ла ту несча́стную, кото́рой взду́мывалось отста́ть. Ей на́до бы́ло с больши́ми уси́лиями перетяну́ть свою́

22

подру́гу, и когда́ она́ достига́ла э́того, оди́н из выжля́тников, е́хавших сза́ди, непреме́нно хло́пал по ней ара́пником, пригова́ривая: «В ку́чу!»[31] Вы́ехав за воро́та, папа́ веле́л охо́тникам и нам е́хать по доро́ге, а сам поверну́л в ржано́е по́ле.

Хле́бная убо́рка была́ во всём разга́ре. Необозри́мое блестя́ще-жёлтое по́ле замыка́лось то́лько с одно́й стороны́ высо́ким сине́ющим ле́сом, кото́рый тогда́ каза́лся мне са́мым отдалённым, таи́нственным ме́стом, за кото́рым и́ли конча́ется свет, и́ли начина́ются необита́емые стра́ны. Всё по́ле бы́ло покры́то копна́ми и наро́дом. В высо́кой густо́й ржи видне́лись кой-где́[32] на вы́жатой полосе́ со́гнутая спина́ жни́цы, взмах коло́сьев, когда́ она́ перекла́дывала их ме́жду па́льцев, же́нщина в тени́, нагну́вшаяся над лю́лькой, и разбро́санные снопы́ по усе́янному василька́ми жни́вью. В друго́й стороне́ мужики́ в одни́х руба́хах, сто́я на теле́гах, накла́дывали ко́пны и пыли́ли по сухо́му, раскалённому по́лю. Ста́роста, в сапога́х и армяке́ внаки́дку, с би́рками в руке́, издалека́ заме́тив папа́, снял свою́ поя́рковую шля́пу[33], утира́л ры́жую го́лову и бо́роду полоте́нцем и покри́кивал на баб. Ры́женькая лоша́дка, на кото́рой е́хал папа́, шла лёгкой, игри́вой хо́дой,[34] изре́дка опуска́я го́лову к груди́, вытя́гивая пово́дья и сма́хивая густы́м хвосто́м о́водов и мух, кото́рые жа́дно лепи́лись на неё. Две борзы́е соба́ки, напряжённо загну́в хвост серпо́м и высоко́ поднима́я но́ги, грацио́зно перепры́гивали по высо́кому жни́вью, за нога́ми ло́шади; Ми́лка бежа́ла впереди́ и, загну́в го́лову, ожида́ла прико́рмки. Го́вор наро́да, то́пот лошаде́й и теле́г, весёлый свист перепело́в, жужжа́ние насеко́мых, кото́рые неподви́жными ста́ями вили́сь в во́здухе, за́пах полы́ни, соло́мы и лошади́ного по́та, ты́сячи разли́чных цвето́в и тене́й, кото́рые разлива́ло паля́щее со́лнце по све́тло-жёлтому жни́вью, си́ней да́ли ле́са и бе́ло-лило́вым облака́м, бе́лые паути́ны, кото́рые носи́лись в во́здухе и́ли ложи́лись по жни́вью, — всё э́то я ви́дел, слы́шал и чу́вствовал.

Подъе́хав к Кали́новому ле́су, мы нашли́ лине́йку уже́ там и, сверх вся́кого ожида́ния, ещё теле́гу в одну́ ло́шадь, на середи́не кото́рой сиде́л буфе́тчик. Из-под се́на видне́лись: самова́р, ка́дка с моро́женой фо́рмой и ещё кой-каки́е[35] привлека́тельные узелки́ и коро́бочки. Нельзя́ бы́ло ошиби́ться: э́то

был чай на чи́стом во́здухе, моро́женое и фру́кты. При ви́де
теле́ги мы изъяви́ли шу́мную ра́дость, потому́ что пить чай в
лесу́ на траве́ и вообще́ на тако́м ме́сте, на кото́ром никто́ и
никогда́ не пива́л ча́ю, счита́лось больши́м наслажде́нием.

⁵ Ту́рка подъе́хал к о́строву³⁶, останови́лся, внима́тельно вы́-
слушал от папа́ подро́бное наставле́ние, как равня́ться и куда́
выходи́ть (впро́чем, он никогда́ не сообража́лся с э́тим настав-
ле́нием, а де́лал по-сво́ему), разомкну́л соба́к, не спеша́ вто-
рочи́л смычки́³⁷, сел на ло́шадь и, посви́стывая, скры́лся за мо-
¹⁰ лоды́ми берёзками. Разо́мкнутые го́нчие пре́жде всего́ маха́-
ниями хвосто́в вы́разили своё удово́льствие, встряхну́лись,
опра́вились и пото́м уже́ ма́ленькой рысцо́й, приню́хиваясь и
маха́я хвоста́ми, побежа́ли в ра́зные сто́роны.

— Есть у тебя́ плато́к? — спроси́л папа́.
¹⁵ Я вы́нул из карма́на и показа́л ему́.

— Ну, так возьми́ на плато́к э́ту се́рую соба́ку...

— Жира́на? — сказа́л я с ви́дом знатока́.

— Да, и беги́ по доро́ге. Когда́ придёт поля́нка, останови́сь
и смотри́: ко мне без за́йца не приходи́ть!
²⁰ Я обмота́л платко́м мохна́тую ше́ю Жира́на и опроме́тью
бро́сился бежа́ть к назна́ченному ме́сту. Папа́ смея́лся и кри-
ча́л мне вслед:

— Скоре́й, скоре́й, а то опозда́ешь.

Жира́н беспреста́нно остана́вливался, поднима́я у́ши, и при-
²⁵ слу́шивался к по́рсканью охо́тников. У меня́ недостава́ло сил
стащи́ть его́ с ме́ста, и я начина́л крича́ть: «Ату́! ату́!»³⁸Тогда́
Жира́н рва́лся так си́льно, что я наси́лу мог уде́рживать его́ и
не раз упа́л, поку́да добра́лся до ме́ста. Избра́в у ко́рня высо́ко-
го ду́ба тени́стое и ро́вное ме́сто, я лёг на траву́, усади́л по́дле
³⁰ себя́ Жира́на и на́чал ожида́ть. Воображе́ние моё, как всегда́
быва́ет в подо́бных слу́чаях, ушло́ далеко́ вперёд действи́тель-
ности: я вообража́л себе́, что травлю́ уже́ тре́тьего за́йца, в то
вре́мя как отозвала́сь в лесу́ пе́рвая го́нчая. Го́лос Ту́рки гро́м-
че и одушевлённее разда́лся по́ лесу; го́нчая взви́згивала, и го́-
лос её слы́шался ча́ще и ча́ще; к нему́ присоедини́лся друго́й,
баси́стый го́лос, пото́м тре́тий, четвёртый... Голоса́ э́ти то
замолка́ли, то перебива́ли друг дру́га. Зву́ки постепе́нно стано-
ви́лись сильне́е и непреры́внее и, наконе́ц, слили́сь в оди́н

24

звонкий, заливистый гул. *Остров был голосистый, и гончие варили варом* [39].

Услыхав это, я замер на своём месте. Вперив глаза в опушку, я бессмысленно улыбался; пот катился с меня градом, и хотя капли его, сбегая по подбородку, щекотали меня, я не вытирал их. Мне казалось, что не может быть решительнее этой минуты. Положение этой напряжённости было слишком неестественно, чтобы продолжаться долго. Гончие то заливались около самой опушки, то постепенно отдалялись от меня; зайца не было. Я стал смотреть по сторонам. С Жираном было то же самое: сначала он рвался и взвизгивал, потом лёг подле меня, положил морду мне на колени и успокоился.

Около оголившихся корней того дуба, под которым я сидел, по серой, сухой земле, между сухими дубовыми листьями, желудьми, пересохшими, обомшалыми хворостинками, жёлто-зелёным мхом и изредка пробивавшимися тонкими зелёными травками кишмя кишели [40] муравьи. Они один за другим торопились по пробитым ими торным дорожкам: некоторые с тяжестями, другие порожняком. Я взял в руки хворостину и загородил ею дорогу. Надо было видеть, как одни, презирая опасность, подлезали под неё, другие перелезали через, а некоторые, особенно те, которые были с тяжестями, совершенно терялись и не знали, что делать: останавливались, искали обхода, или ворочались назад, или по хворостинке добирались до моей руки и, кажется, намеревались забраться под рукав моей курточки. От этих интересных наблюдений я был отвлечён бабочкой с жёлтыми крылышками, которая чрезвычайно заманчиво вилась передо мною. Как только я обратил на неё внимание, она отлетела от меня шага на два, повилась над почти увядшим белым цветком дикого клевера и села на него. Не знаю, солнышко ли её пригрело, или она брала сок из этой травки, — только видно было, что ей очень хорошо. Она изредка взмахивала крылышками и прижималась к цветку, наконец совсем замерла. Я положил голову на обе руки и с удовольствием смотрел на неё.

Вдруг Жиран завыл и рванулся с такой силой, что я чуть было не упал. Я оглянулся. На опушке леса, приложив одно ухо и приподняв другое, перепрыгивал заяц. Кровь ударила мне в го́лову, и я всё забы́л в э́ту мину́ту: закрича́л что́-то нейи́стовым го́лосом, пусти́л соба́ку и бро́сился бежа́ть. Но не успе́л я э́того сде́лать, как уже́ стал раска́иваться: за́яц присе́л, сде́лал прыжо́к, и бо́льше я его́ не вида́л.

5   Но како́в был мой стыд, когда́ вслед за го́нчими, кото́рые в го́лос вы́вели на опу́шку, из-за кусто́в показа́лся Ту́рка! Он ви́дел мою́ оши́бку (кото́рая состоя́ла в том, что я не *вы́держал*) и, презри́тельно взгляну́в на меня́, сказа́л то́лько: «Эх, ба́рин!» Но на́до знать, как э́то бы́ло ска́зано! Мне бы́ло бы ле́гче, е́жели бы он меня́, как за́йца, пове́сил на седло́.

До́лго стоя́л я в си́льном отча́янии на том же ме́сте, не звал соба́ки и то́лько тверди́л, ударя́я себя́ по ля́жкам:

— Бо́же мой, что я наде́лал!

15   Я слы́шал, как го́нчие погна́ли да́льше, как заату́кали[41] на друго́й стороне́ о́строва, отби́ли за́йца и как Ту́рка в свой огро́мный рог вызыва́л соба́к, — но всё не тро́гался с ме́ста...

Глава́ VIII
ИГРЫ

Охо́та ко́нчилась. В тени́ молоды́х берёзок был разо́стлан ковёр, и на ковре́ кружко́м сиде́ло всё о́бщество. 20 Буфе́тчик Гаври́ло, примя́в о́коло себя́ зелёную, со́чную траву́, перетира́л таре́лки и достава́л из коро́бочки завёрнутые в ли́стья сли́вы и пе́рсики. Сквозь зелёные ве́тви молоды́х берёз 25 просве́чивало со́лнце и броса́ло на узо́ры ковра́, на мои́ но́ги и да́же на плеши́вую вспоте́вшую го́лову Гаври́лы кру́глые коле́блющиеся просве́ты. Лёгкий ветеро́к, пробега́я по листве́ дере́вьев, по мои́м волоса́м и вспоте́вшему лицу́, чрезвыча́йно освежа́л меня́.

30   Когда́ нас одели́ли моро́женым и фру́ктами, де́лать на ковре́ бы́ло не́чего, и мы, несмотря́ на косы́е, паля́щие лучи́ со́лнца, вста́ли и отпра́вились игра́ть.

— Ну, во что? — сказа́ла Любо́чка, щу́рясь от со́лнца и припры́гивая по траве́. — Дава́йте в Робинзо́на.

26

— Нет... скучно, — сказал Володя, лениво повалившись на траву и пережёвывая листья, — вечно Робинзон! Ежели непременно хотите, так давайте лучше беседочку строить.

Володя заметно важничал: должно быть, он гордился тем, что приехал на охотничьей лошади, и притворялся, что очень устал. Может быть, и то, что у него уже было слишком много здравого смысла и слишком мало силы воображения, чтобы вполне наслаждаться игрою в Робинзона. Игра эта состояла в представлении сцен из «Robinson Suisse»*, которого мы читали незадолго пред этим.

— Ну, пожалуйста... отчего ты не хочешь сделать нам этого удовольствия? — приставали к нему девочки. — Ты будешь Charles†, или Ernest‡, или отец — как хочешь? — говорила Катенька, стараясь за рукав курточки приподнять его с земли.

— Право, не хочется — скучно! — сказал Володя, потягиваясь и вместе с тем самодовольно улыбаясь.

— Так лучше бы дома сидеть, коли никто не хочет играть, — сквозь слёзы выговорила Любочка.

Она была страшная плакса.

— Ну, пойдёмте; только не плачь, пожалуйста: терпеть не могу!

Снисхождение Володи доставило нам очень мало удовольствия; напротив, его ленивый и скучный вид разрушал всё очарование игры. Когда мы сели на землю и, воображая, что плывём на рыбную ловлю, изо всех сил начали грести, Володя сидел сложа руки и в позе, не имеющей ничего схожего с позой рыболова. Я заметил ему это; но он отвечал, что оттого, что мы будем больше или меньше махать руками, мы ничего не выиграем и не проиграем и всё же далеко не уедем. Я невольно согласился с ним. Когда, воображая, что я иду на охоту, с палкой на плече, я отправился в лес, Володя лёг на спину, закинул руки под голову и сказал мне, что будто бы и он ходил. Такие поступки и слова, охлаждая нас к игре,

---

* «Швейцарского Робинзона» (*франц.*). — «Швейцарский Робинзон» Висса был слабым подражанием известному роману Д. Дефо «Робинзон Крузо».
† Карл (*франц.*).
‡ Эрнест (*франц.*).

были крайне неприятны, тем более, что нельзя было в душе не согласиться, что Володя поступает благоразумно.

Я сам знаю, что из палки не только что убить птицу, да и выстрелить никак нельзя. Это игра. Коли так рассуждать, то и на стульях ездить нельзя; а Володя, я думаю, сам помнит, как в долгие зимние вечера мы накрывали кресло платками, делали из него коляску, один садился кучером, другой лакеем, девочки в середину, три стула были тройка лошадей, — и мы отправлялись в дорогу. И какие разные приключения случались в этой дороге! и как весело и скоро проходили зимние вечера!.. Ежели судить по-настоящему, то игры никакой не будет. А игры не будет, что ж тогда остаётся?..

Глава IX

ЧТО-ТО ВРОДЕ ПЕРВОЙ ЛЮБВИ

Представляя, что она рвёт с дерева какие-то американские фрукты, Любочка сорвала на одном листке огромной величины червяка, с ужасом бросила его на землю, подняла руки кверху и отскочила, как будто боясь, чтобы из него не брызнуло чего-нибудь. Игра прекратилась; мы все, головами вместе, припали к земле — смотреть эту редкость.

Я смотрел через плечо Катеньки, которая старалась поднять червяка на листочке, подставляя ему его на дороге.

Я заметил, что многие девочки имеют привычку подёргивать плечами, стараясь этим движением привести спустившееся платье с открытой шеей на настоящее место. Ещё помню, что Мими всегда сердилась за это движение и говорила: C'est un geste de femme de chambre*. Нагнувшись над червяком, Катенька сделала это самое движение, и в то же время ветер поднял косыночку с её беленькой шейки. Плечико во время этого движения было на два пальца от моих губ. Я смотрел уже не на червяка, смотрел-смотрел и изо всех сил поцеловал

---

* Это жест горничной (*франц.*).

28

плечо́ Ка́теньки. Она́ не оберну́лась, но я заме́тил, что ше́йка её и у́ши покрасне́ли. Воло́дя, не поднима́я головы́, презри́-тельно сказа́л:

— Что за не́жности?

У меня́ же бы́ли слёзы на глаза́х.

Я не спуска́л глаз с Ка́теньки. Я давно́ уже́ привы́к к её све́женькому белоку́ренькому ли́чику и всегда́ люби́л его́; но тепе́рь я внима́тельнее стал всма́триваться в него́ и полюби́л ещё бо́льше. Когда́ мы подошли́ к больши́м, папа́, к вели́кой на́шей ра́дости, объяви́л, что, по про́сьбе ма́тушки, пое́здка отло́жена до за́втрашнего утра́.

Мы пое́хали наза́д вме́сте с лине́йкой. Воло́дя и я, жела́я превзойти́ оди́н друго́го иску́сством е́здить верхо́м и молоде́че-ством, гарцева́ли о́коло неё. Тень моя́ была́ длинне́е, чем пре́ж-де, и, су́дя по ней, я предполага́л, что име́ю вид дово́льно кра-си́вого вса́дника; но чу́вство самодово́льства, кото́рое я испы́-тывал, бы́ло ско́ро разру́шено сле́дующим обстоя́тельством. Жела́я оконча́тельно прельсти́ть всех сиде́вших в лине́йке, я отста́л немно́го, пото́м, с по́мощью хлыста́ и ног, разогна́л свою́ лоша́дку, при́нял непринуждённо-грацио́зное положе́ние и хоте́л ви́хрем пронести́сь ми́мо их, с той стороны́, с кото́рой сиде́ла Ка́тенька. Я не знал то́лько, что лу́чше: мо́лча ли проскака́ть, и́ли кри́кнуть? Но несно́сная лоша́дка, поравня́вшись с упряж-ны́ми, несмотря́ на все мои́ уси́лия, останови́лась так неожи́-данно, что я перескочи́л с седла́ на ше́ю и чуть-чу́ть не полете́л.

Глава́ X
ЧТО ЗА ЧЕЛОВЕК БЫЛ МОЙ ОТЕЦ?

Он был челове́к про́шлого ве́ка и име́л о́бщий молодёжи того́ ве́ка неулови́мый ха-ра́ктер ры́царства, предприи́мчивости, само-уве́ренности, любе́зности и разгу́ла. На лю-де́й ны́нешнего ве́ка он смотре́л презри́тель-но, и взгляд э́тот происходи́л сто́лько же от врождённой го́рдости, ско́лько от та́й-ной доса́ды за то, что в наш век он не мог име́ть ни того́ влия́ния, ни тех успе́хов, кото́рые име́л в свой. Две гла́вные

29

страсти его в жизни были карты и женщины; он выиграл в продолжение своей жизни несколько миллионов и имел связи с бесчисленным числом женщин всех сословий.

Большой статный рост, странная, маленькими шажками, походка, привычка подёргивать плечом, маленькие, всегда улыбающиеся глазки, большой орлиный нос, неправильные губы, которые как-то неловко, но приятно складывались, недостаток в произношении — пришёптывание, и большая, во всю голову, лысина: вот наружность моего отца, с тех пор как я его запомню, — наружность, с которою он умел не только прослыть и быть человеком *à bonnes fortunes* [*], но нравиться всем без исключения — людям всех сословий и состояний, в особенности же тем, которым хотел нравиться.

Он умел взять верх в отношениях со всяким. Не быв[42] никогда человеком *очень большого света*, он всегда водился с людьми этого круга, и так, что был уважаем. Он знал ту крайнюю меру гордости и самонадеянности, которая, не оскорбляя других, возвышала его в мнении света. Он был оригинален, но не всегда, а употреблял оригинальность как средство, заменяющее в иных случаях светскость или богатство. Ничто на свете не могло возбудить в нём чувства удивления: в каком бы он ни был блестящем положении, — казалось, он для него был рождён. Он так хорошо умел скрывать от других и удалять от себя известную всем тёмную, наполненную мелкими досадами и огорчениями сторону жизни, что нельзя было не завидовать ему. Он был знаток всех вещей, доставляющих удобства и наслаждения, и умел пользоваться ими. Конёк его был блестящие связи, которые он имел частию по родству моей матери, частию по своим товарищам молодости, на которых он в душе сердился за то, что они далеко ушли в чинах, а он навсегда остался отставным поручиком гвардии. Он, как и все бывшие военные, не умел одеваться по-модному; но зато он одевался оригинально и изящно. Всегда очень широкое и лёгкое платье, прекрасное бельё, большие отвороченные манжеты и воротнички... Впрочем, всё шло к его большому росту, сильному сложению, лысой голове и спокойным, самоуверенным движениям. Он был чувствителен и даже слезлив. Часто, читая вслух,

* Удачливым (*франц.*).

30

когда он доходи́л до патети́ческого   ме́ста, го́лос его́ начина́л
дрожа́ть, слёзы пока́зывались, и он с доса́дой оставля́л кни́гу.
Он люби́л му́зыку, пева́л, аккомпани́руя себе́ на фортепья́но,
рома́нсы прия́теля своего́ А..., цыга́нские пе́сни и не́которые
моти́вы из о́пер; но учёной му́зыки не люби́л и, не обраща́я внима́ния на о́бщее мне́ние, открове́нно говори́л, что сона́ты Бетхо́вена нагоня́ют на него́ сон и ску́ку и что он не зна́ет лу́чше
ничего́, как «Не буди́те меня́, молоду́», как её пева́ла Семёнова,[43] и «Не одна́», как пева́ла цыга́нка Таню́ша. Его́ нату́ра была́ одна́ из тех, кото́рым для хоро́шего де́ла необходи́ма пу́блика. И то то́лько он счита́л хоро́шим, что называ́ла хоро́шим
пу́блика. Бог зна́ет, бы́ли ли у него́ каки́е-нибудь нра́вственные убежде́ния? Жизнь его́ была́ так полна́ увлече́ниями вся́кого ро́да, что ему́ не́когда бы́ло составля́ть себе́ их, да он и
был так сча́стлив в жи́зни, что не ви́дел в том необходи́мости.

В ста́рости у него́ образова́лся постоя́нный взгляд на ве́щи
и неизме́нные пра́вила, — но еди́нственно на основа́нии практи́-
ческом: те посту́пки и о́браз жи́зни, кото́рые доставля́ли ему́
сча́стие и́ли удово́льствия, он счита́л хоро́шими и находи́л, что
так всегда́ и всем поступа́ть до́лжно. Он говори́л о́чень увлека́-
тельно, и э́та спосо́бность, мне ка́жется, уси́ливала ги́бкость
его́ пра́вил: он в состоя́нии был тот же посту́пок рассказа́ть
как са́мую ми́лую ша́лость и как ни́зкую по́длость.

Глава́ XI

ЗАНЯТИЯ В КАБИНЕТЕ И ГОСТИНОЙ

Уже́ смерка́лось, когда́ мы прие́хали до-
мо́й. Maman се́ла за роя́ль, а мы, де́ти, при-
несли́ бума́ги, карандаши́, кра́ски и располо-
жи́лись рисова́ть о́коло кру́глого стола́. У
меня́ была́ то́лько си́няя кра́ска; но, несмот-
ря́ на э́то, я зате́ял нарисова́ть охо́ту. Очень
жи́во изобрази́в си́него ма́льчика верхо́м на
си́ней ло́шади и си́них соба́к, я не знал на-
ве́рное, мо́жно ли нарисова́ть си́него за́йца, и побежа́л к
папа́ в кабине́т посове́товаться об э́том. Папа́ чита́л что-то

5

10

15

20

25

30

и на вопрос мой: «Бывают ли синие зайцы?», не поднимая головы, отвечал: «Бывают, мой друг, бывают». Возвратившись к круглому столу, я изобразил синего зайца, потом нашёл нужным переделать из синего зайца куст. Куст тоже мне не понравился; я сделал из него дерево, из дерева — скирд, из скирда — облако и, наконец, так испачкал всю бумагу синей краской, что с досады разорвал её и пошёл дремать на вольтеровское кресло.

Maman играла второй концерт Фильда[44] — своего учителя. Я дремал, и в моём воображении возникали какие-то лёгкие, светлые и прозрачные воспоминания. Она заиграла Патетическую сонату[45] Бетховена, и я вспоминал что-то грустное, тяжёлое и мрачное. Maman часто играла эти две пьесы; поэтому я очень хорошо помню чувство, которое они во мне возбуждали. Чувство это было похоже на воспоминание; но воспоминания чего? казалось, что вспоминаешь то, чего никогда не было.

Против меня была дверь в кабинет, и я видел, как туда вошли Яков и ещё какие-то люди в кафтанах и с бородами. Дверь тотчас затворилась за ними. «Ну, начались занятия!» — подумал я. Мне казалось, что важнее тех дел, которые делались в кабинете, ничего в мире быть не могло; в этой мысли подтверждало меня ещё то, что к дверям кабинета все подходили обыкновенно перешёптываясь и на цыпочках; оттуда же был слышен громкий голос папа и запах сигары, который всегда, не знаю почему, меня очень привлекал. Впросонках меня вдруг поразил очень знакомый скрип сапогов в официантской. Карл Иваныч, на цыпочках, но с лицом мрачным и решительным, с какими-то записками в руке, подошёл к двери и слегка постучался. Его впустили, и дверь опять захлопнулась.

«Как бы не случилось какого-нибудь несчастия, — подумал я, — Карл Иваныч рассержен: он на всё готов...»

Я опять задремал.

Однако несчастия никакого не случилось; через час времени меня разбудил тот же скрип сапогов. Карл Иваныч, утирая платком слёзы, которые я заметил на его щеках, вышел из двери и, бормоча что-то себе под нос, пошёл на верх. Вслед за ним вышел папа и вошёл в гостиную.

— Зна́ешь, что я сейча́с реши́л? — сказа́л он весёлым го́-
лосом, положи́в ру́ку на плечо́ maman.

— Что, мой друг?

— Я беру́ Ка́рла Ива́ныча с детьми́. Ме́сто в бри́чке есть.
Они́ к нему́ привы́кли, и он к ним, ка́жется, то́чно привя́зан;
а семьсо́т рубле́й в год никако́го счёта не де́лают, et puis au
fond c'est un très bon diable *.

Я ника́к не мог пости́гнуть, заче́м папа́ брани́т Ка́рла Ива́-
ныча †.

— Я о́чень ра́да, — сказа́ла maman, — за дете́й, за него́: он
сла́вный стари́к.

— Если бы ты ви́дела, как он был тро́нут, когда́ я ему́
сказа́л, чтобы он оста́вил э́ти пятьсо́т рубле́й в ви́де пода́р-
ка... но что заба́внее всего́ — э́то счёт, кото́рый он принёс
мне. Это сто́ит посмотре́ть, — приба́вил он с улы́бкой, пода-
ва́я ей запи́ску, напи́санную руко́ю Ка́рла Ива́ныча; — пре́-
лесть!

Вот содержа́ние э́той запи́ски:[46]

Для детье́й два у́дочка — 70 копе́к.
Цветно́й бума́га, золото́й коёмочка, клести́р и болва́н для
коро́бочка, в пода́рках — 6 р. 55 к.
Кни́га и лук, пода́рка де́тьям — 8 р. 16 к.
Панталон Никола́ю — 4 рубли́.
Обе́щаны Петро́м Алекса́нтровичь из Москву́ в 18... году́
золоты́е часы́ в 140 рубле́й.
Итого́ сле́дует получи́ть Ка́рлу Ма́уеру кро́ме жа́лова-
нию — 159 рубле́й 79 копе́к.

Прочтя́ э́ту запи́ску, в кото́рой Карл Ива́ныч тре́бует, чтобы
ему́ заплати́ли все де́ньги, изде́ржанные им на пода́рки, и да́же
заплати́ли бы за обе́щанный пода́рок, вся́кий поду́мает, что
Карл Ива́ныч бо́льше ничего́, как бесчу́вственный и корысто-
люби́вый себялю́бец, — и вся́кий ошибётся.

Войдя́ в кабине́т с запи́сками в руке́ и с пригото́вленной
ре́чью в голове́, он намерева́лся красноречи́во изложи́ть перед
папа́ все несправедли́вости, претерпенные им в на́шем до́ме; но

---

* И пото́м, в су́щности, он сла́вный ма́лый (*франц.*).
† По-францу́зски diable зна́чит «чёрт», bon diable — «сла́вный ма́-
лый».

когда́ он на́чал говори́ть тем же тро́гательным го́лосом и с те́ми же чувстви́тельными интона́циями, с кото́рыми он обыкнове́нно диктова́л нам, его́ красноре́чие поде́йствовало сильне́е всего́ на него́ самого́; так что, дойдя́ до того́ ме́ста, в кото́ром он говори́л: «как ни гру́стно мне бу́дет расста́ться с детьми́», он совсе́м сби́лся, го́лос его́ задрожа́л, и он принуждён был доста́ть из карма́на кле́тчатый плато́к.

— Да, Пётр Алекса́ндрыч, — сказа́л он сквозь слёзы (э́того ме́ста совсе́м не́ было в пригото́вленной ре́чи), — я так привы́к к де́тям, что не зна́ю, что бу́ду де́лать без них. Лу́чше я без жа́лованья бу́ду служи́ть вам, — приба́вил он, одно́й руко́й утира́я слёзы, а друго́й подава́я счёт.

Что Карл Ива́ныч в э́ту мину́ту говори́л и́скренно, э́то я утверди́тельно могу́ сказа́ть, потому́ что зна́ю его́ до́брое се́рдце; но каки́м о́бразом согласова́лся счёт с его́ слова́ми, остаётся для меня́ та́йной.

— Е́сли вам гру́стно, то мне бы́ло бы ещё грустне́е расста́ться с ва́ми, — сказа́л папа́, потрепа́в его́ по плечу́, — я тепе́рь разду́мал.

Незадо́лго перед у́жином в ко́мнату вошёл Гри́ша. Он с са́мого того́ вре́мени, как вошёл в наш дом, не перестава́л вздыха́ть и пла́кать, что, по мне́нию тех, кото́рые ве́рили в его́ спосо́бность предска́зывать, предвеща́ло каку́ю-нибудь беду́ на́шему до́му. Он стал проща́ться и сказа́л, что за́втра у́тром пойдёт да́льше. Я подмигну́л Воло́де и вы́шел в дверь.

— Что?

— Е́сли хоти́те посмотре́ть Гри́шины вери́ги, то пойдёмте сейча́с на мужско́й верх[47]— Гри́ша спит во второ́й ко́мнате, — в чула́не прекра́сно мо́жно сиде́ть, и мы всё уви́дим.

— Отли́чно! Подожди́ здесь: я позову́ де́вочек.

Де́вочки вы́бежали, и мы отпра́вились на верх. Не без спо́ру реши́в, кому́ пе́рвому войти́ в тёмный чула́н, мы усе́лись и ста́ли ждать.

Глава XII

ГРИША

Нам всем было жутко в темноте; мы жались один к другому и ничего не говорили. Почти вслед за нами тихими шагами вошёл Гриша. В одной руке он держал свой посох, в другой — сальную свечу в 5 медном подсвечнике. Мы не переводили дыхания.

— Господи Иисусе Христе! Мати пресвятая богородица! Отцу и сыну и святому духу...⁴⁸— вдыхая в себя воздух, твердил 10 он с различными интонациями и сокращениями, свойственными только тем, которые часто повторяют эти слова.

С молитвой поставив свой посох в угол и осмотрев постель, он стал раздеваться. Распоясав свой старенький чёрный кушак, он медленно снял изорванный нанковый зипун, тщательно 15 сложил его и повесил на спинку стула. Лицо его теперь не выражало, как обыкновенно, торопливости и тупоумия; напротив, он был спокоен, задумчив и даже величав. Движения его были медленны и обдуманны.

Оставшись в одном белье, он тихо опустился на кровать, 20 окрестил её со всех сторон и, как видно было, с усилием — потому что он поморщился — поправил под рубашкой вериги. Посидев немного и заботливо осмотрев прорванное в некоторых местах бельё, он встал, с молитвой поднял свечу в уровень с кивотом, в котором стояло несколько образов, перекрестился 25 на них и перевернул свечу огнём вниз. Она с треском потухла.

В окна, обращённые на лес, ударяла почти полная луна. Длинная белая фигура юродивого с одной стороны была освещена бледными, серебристыми лучами месяца, с другой — чёрной тенью; вместе с тенями от рам падала на пол, стены и до- 30 ставала до потолка. На дворе караульщик стучал в чугунную доску.⁴⁹

Сложив свои огромные руки на груди, опустив голову и беспрестанно тяжело вздыхая, Гриша молча стоял перед иконами, потом с трудом опустился на колени и стал молиться.

35

Снача́ла он ти́хо говори́л изве́стные моли́твы, ударя́я то́лько на не́которые слова́, пото́м повтори́л их, но гро́мче и с бо́льшим одушевле́нием. Он на́чал говори́ть свои́ слова́, с заме́тным уси́лием стара́ясь выража́ться по-славя́нски. Слова́ его́ бы́ли нес// кла́дны, но тро́гательны. Он моли́лся о всех благоде́телях свои́х (так он называ́л тех, кото́рые принима́ли его́), в том числе́ о ма́тушке, о нас, моли́лся о себе́, проси́л, что́бы бог прости́л ему́ его́ тя́жкие грехи́, тверди́л: «Бо́же, прости́ врага́м мои́м!» — кряхтя́ поднима́лся и, повторя́я ещё и ещё те же слова́, припада́л к земле́ и опя́ть поднима́лся, несмотря́ на тя́жесть вери́г, кото́рые издава́ли сухо́й ре́зкий звук, ударя́ясь о зе́млю.

Воло́дя ущипну́л меня́ о́чень бо́льно за́ ногу; но я да́же не огляну́лся: потёр то́лько руко́й то ме́сто и продолжа́л с чу́вством де́тского удивле́ния, жа́лости и благогове́ния следи́ть за все́ми движе́ниями и слова́ми Гри́ши.

Вме́сто весе́лия и сме́ха, на кото́рые я рассчи́тывал, входя́ в чула́н, я чу́вствовал дрожь и замира́ние се́рдца.

До́лго ещё находи́лся Гри́ша в э́том положе́нии религио́зного восто́рга и импровизи́ровал моли́твы. То тверди́л он не́сколько раз сря́ду: «Го́споди поми́луй», но ка́ждый раз с но́вой си́лой и выраже́нием; то говори́л он: «Прости́ мя, го́споди, научи́ мя, что твори́ть... научи́ мя, что твори́ти, го́споди!» — с таки́м выраже́нием, как бу́дто ожида́л сейча́с же отве́та на свои́ слова́; то слы́шны бы́ли одни́ жа́лобные рыда́ния... Он приподня́лся на коле́ни, сложи́л ру́ки на груди́ и замо́лк.

Я потихо́ньку вы́сунул го́лову из две́ри и не переводи́л дыха́ния. Гри́ша не шевели́лся; из груди́ его́ вырыва́лись тяжёлые вздо́хи; в му́тном зрачке́ его́ криво́го гла́за, освещённого луно́ю, останови́лась слеза́.

— Да бу́дет во́ля твоя́! — вскрича́л он вдруг с неподража́емым выраже́нием, упа́л лбом на зе́млю и зарыда́л, как ребёнок.

Мно́го воды́ утекло́ с тех пор, мно́го воспомина́ний о было́м потеря́ли для меня́ значе́ние и ста́ли сму́тными мечта́ми, да́же и стра́нник Гри́ша давно́ око́нчил своё после́днее стра́нствование; но впечатле́ние, кото́рое он произвёл на меня́, и чу́вство, кото́рое возбуди́л, никогда́ не умру́т в мое́й па́мяти.

36

О вели́кий христиани́н Гри́ша! Твоя́ ве́ра была́ так сильна́, что ты чу́вствовал бли́зость бо́га, твоя́ любо́вь так велика́, что слова́ са́ми собо́ю лили́сь из уст твои́х — ты их не поверя́л рассу́дком... И каку́ю высо́кую хвалу́ ты принёс его́ вели́чию, когда́, не находя́ слов, в слеза́х повали́лся на зе́млю!..

Чу́вство умиле́ния, с кото́рым я слу́шал Гри́шу, не могло́ до́лго продолжа́ться, во-пе́рвых, потому́, что любопы́тство моё бы́ло насы́щено, а во-вторы́х, потому́, что я отсиде́л себе́ но́ги, си́дя на одно́м ме́сте, и мне хоте́лось присоедини́ться к о́бщему шепта́нью и возне́, кото́рые слы́шались сза́ди меня́ в тёмном чула́не. Кто́-то взял меня́ за́ руку и шёпотом сказа́л: «Чья э́то рука́?» В чула́не бы́ло соверше́нно темно́; но по одному́ прикоснове́нию и го́лосу, кото́рый шепта́л мне над са́мым у́хом, я то́тчас узна́л Ка́теньку.

Соверше́нно бессозна́тельно я схвати́л её ру́ку в коро́теньких рука́вчиках за ло́коть и припа́л к ней губа́ми. Ка́тенька, ве́рно, удиви́лась э́тому посту́пку и отдёрнула ру́ку: э́тим движе́ньем она́ толкну́ла сло́манный стул, стоя́вший в чула́не. Гри́ша по́днял го́лову, ти́хо огляну́лся и, чита́я моли́твы, стал крести́ть все углы́. Мы с шу́мом и шёпотом вы́бежали из чула́на.

Глава́ XIII

НАТА́ЛЬЯ СА́ВИШНА

В полови́не про́шлого столе́тия по двора́м села́ Хаба́ровки бе́гала в затрапе́зном пла́тье босоно́гая, но весёлая, то́лстая и красно-щёкая де́вка *Ната́шка*. По заслу́гам и про́сьбе отца́ её, кларнети́ста Са́ввы, дед мой взял её *в верх*[51] находи́ться в числе́ же́нской при-слу́ги ба́бушки. Го́рничная *Ната́шка* отлича́-лась в э́той до́лжности кро́тостью нра́ва и усе́рдием. Когда́ родила́сь ма́тушка и пона́-добилась ня́ня, э́ту обя́занность возложи́ли на *Ната́шку*. И на э́том но́вом по́прище она́ заслужи́ла похва́-лы и награ́ды за свою́ де́ятельность, ве́рность и привя́занность к молодо́й госпоже́. Но напу́дренная голова́ и чулки́ с пря́жками молодого бойкого официанта Фоки, имевшего по службе частые сношения с Натальей, пленили её грубое, но любящее сердце. Она даже сама решилась идти к дедушке просить позволенья выйти за Фоку замуж. Дедушка принял её желание за неблагодарность, прогневался и сослал бедную Наталью за наказание на скотный двор в степную деревню. Через шесть месяцев, однако, так как никто не мог заменить Наталью, она была возвращена в двор и в прежнюю должность. Возвратившись в затрапезке из изгнания, она явилась к дедушке, упала ему в ноги и просила возвратить ей милость, ласку и забыть ту дурь, которая на неё нашла было и которая, она клялась, уже больше не возвратится. И действительно, она сдержала своё слово.

С тех пор Наташка сделалась Натальей Савишной и надела чепец; весь запас любви, который в ней хранился, она перенесла на барышню свою.

Когда подле матушки заменила её гувернантка, она получила ключи от кладовой, и ей на руки сданы были бельё и вся провизия. Новые обязанности эти она исполняла с тем же усердием и любовью. Она вся жила в барском добре, во всём видела трату, порчу, расхищение и всеми средствами старалась противодействовать.

Когда maman вышла замуж, желая чем-нибудь отблагодарить Наталью Савишну за её двадцатилетние труды и привязанность, она позвала её к себе и, выразив в самых лестных словах всю свою к ней признательность и любовь, вручила ей лист гербовой бумаги, на котором была написана вольная Наталье Савишне, и сказала, что, несмотря на то, будет ли она или нет продолжать служить в нашем доме, она всегда будет получать ежегодную пенсию в триста рублей. Наталья Савишна молча выслушала всё это, потом, взяв в руки документ, злобно взглянула на него, пробормотала что-то сквозь зубы и выбежала из комнаты, хлопнув дверью. Не понимая причины такого странного поступка, maman немного погодя вошла в комнату Натальи Савишны. Она сидела с заплаканными глазами на сундуке, перебирая пальцами носовой платок, и пристально смотрела на валявшиеся на полу перед ней клочки изорванной вольной.

— Что с ва́ми, голу́бушка Ната́лья Са́вишна? — спроси́ла *maman*, взяв её за́ руку.

— Ничего́, ма́тушка, — отвеча́ла она́, — должно́ быть, я вам чём-нибудь проти́вна, что вы меня́ со двора́ го́ните... Что ж, я пойду́.

Она́ вы́рвала свою́ ру́ку и, едва́ уде́рживаясь от слёз, хоте́ла уйти́ из ко́мнаты. *Maman* удержа́ла её, обняла́, и они́ о́бе распла́кались.

С тех пор как я себя́ по́мню, по́мню я и Ната́лью Са́вишну, её любо́вь и ла́ски; но тепе́рь то́лько уме́ю цени́ть их, — тогда́ же мне и в го́лову не приходи́ло, како́е ре́дкое, чуде́сное созда́ние была́ э́та стару́шка. Она́ не то́лько никогда́ не говори́ла, но и не ду́мала, ка́жется, о себе́: вся жизнь её была́ любо́вь и самопоже́ртвование. Я так привы́к к её бескоры́стной, не́жной любви́ к нам, что и не вообража́л, чтобы э́то могло́ быть ина́че, ниско́лько не был благода́рен ей и никогда́ не задава́л себе́ вопро́сов: а что, сча́стлива ли она́? дово́льна ли?

Быва́ло, под предло́гом необходи́мой на́добности, прибежи́шь от уро́ка в её ко́мнату, уся́дешься и начина́ешь мечта́ть вслух, ниско́лько не стесня́ясь её прису́тствием. Всегда́ она́ быва́ла чём-нибудь заня́та: и́ли вяза́ла чуло́к, и́ли ры́лась в сундука́х, кото́рыми была́ напо́лнена её ко́мната, и́ли запи́сывала бельё и, слу́шая вся́кий вздор, кото́рый я говори́л, «как, когда́ я бу́ду генера́лом, я женю́сь на чуде́сной краса́вице, куплю́ себе́ ры́жую ло́шадь, постро́ю стекля́нный дом и вы́пишу родны́х Ка́рла Ива́ныча из Саксо́нии» и т. д., она́ пригова́ривала: «Да, мой ба́тюшка, да». Обыкнове́нно, когда́ я встава́л и собира́лся уходи́ть, она́ отворя́ла голубо́й сунду́к, на кры́шке кото́рого снутри́ — как тепе́рь по́мню — бы́ли накле́ены кра́шеное изображе́ние како́го-то гуса́ра, карти́нка с пома́дной ба́ночки и рису́нок Воло́ди, — вынима́ла из э́того сундука́ куре́нье, зажига́ла его́ и, пома́хивая, гова́ривала:

— Это, ба́тюшка, ещё оча́ковское[52] куре́нье. Когда́ ваш поко́йный де́душка — ца́рство небе́сное — под ту́рку ходи́ли,[53] так отту́да ещё привезли́. Вот уж после́дний кусо́чек оста́лся, — прибавля́ла она́ со вздо́хом.

В сундука́х, кото́рыми была́ напо́лнена её ко́мната, бы́ло реши́тельно всё. Что бы ни пона́добилось, обыкнове́нно говаривали: «Надо спросить у Натальи Савишны», — и действительно, порывшись немного, она находила требуемый предмет и говаривала: «Вот и хорошо, что припрятала». В сундуках этих были тысячи таких предметов, о которых никто в доме, кроме её, не знал и не заботился.

Один раз я на неё рассердился. Вот как это было. За обедом, наливая себе квасу, я уронил графин и облил скатерть.

— Позовите-ка Наталью Савишну, чтобы она порадовалась на своего любимчика, — сказала maman.

Наталья Савишна вошла и, увидав лужу, которую я сделал, покачала головой; потом maman сказала ей что-то на ухо, и она, погрозившись на меня, вышла.

После обеда я, в самом весёлом расположении духа, припрыгивая, отправился в залу, как вдруг из-за двери выскочила Наталья Савишна с скатертью в руке, поймала меня и, несмотря на отчаянное сопротивление с моей стороны, начала тереть меня мокрым по лицу, приговаривая: «Не пачкай скатертей, не пачкай скатертей!» Меня так это обидело, что я разревелся от злости.

«Как! — говорил я сам себе, прохаживаясь по зале и захлёбываясь от слёз. — Наталья Савишна, просто *Наталья*, говорит *мне ты*, и ещё бьёт меня по лицу мокрой скатертью, как дворового мальчишку. Нет, это ужасно!»

Когда Наталья Савишна увидала, что я распустил слюни,[54] она тотчас же убежала, а я, продолжая прохаживаться, рассуждал о том, как бы отплатить дерзкой *Наталье* за нанесённое мне оскорбление.

Через несколько минут Наталья Савишна вернулась, робко подошла ко мне и начала увещевать:

— Полноте, мой батюшка, не плачьте... простите меня, дуру... я виновата... уж вы меня простите, мой голубчик... вот вам.

Она вынула из-под платка корнет сделанный из красной бумаги,[55] в котором были две карамельки и одна винная ягода, и дрожащей рукой подала его мне. У меня недоставало сил взглянуть в лицо доброй старушке; я, отвернувшись, принял подарок, и слёзы потекли ещё обильнее, но уже не от злости, а от любви и стыда.

Глава XIV

РАЗЛУКА

На другой день после описанных мною происшествий, в двенадцатом часу утра, коляска и бричка стояли у подъезда. Николай был одет по-дорожному,[56] то есть штаны были всунуты в сапоги и старый сюртук туго-натуго подпоясан кушаком. Он стоял в бричке и укладывал шинели и подушки под сиденье; когда оно ему казалось высоко, он садился на подушки и, припрыгивая, обминал их.

— Сделайте божескую милость, Николай Дмитрич, нельзя ли к вам будет баринову щикатулку положить, — сказал запыхавшийся камердинер папа, высовываясь из коляски, — она маленькая...

— Вы бы прежде говорили, Михей Иваныч, — отвечал Николай скороговоркой и с досадой, изо всех сил бросая какой-то узелок на дно брички. — Ей-богу, голова и так кругом идёт, а тут ещё вы с вашими щикатулками, — прибавил он, приподняв фуражку и утирая с загорелого лба крупные капли пота.

Дворовые мужчины, в сюртуках, кафтанах, рубашках, без шапок, женщины, в затрапезах, полосатых платках, с детьми на руках, и босоногие ребятишки стояли около крыльца, посматривали на экипажи и разговаривали между собой. Один из ямщиков — сгорбленный старик в зимней шапке и армяке — держал в руке дышло коляски, потрагивал его и глубокомысленно посматривал на ход; другой — видный молодой парень, в одной белой рубахе с красными кумачовыми ластовицами, в чёрной поярковой шляпе черепеником,[57] которую он, почёсывая свои белокурые кудри, сбивал то на одно, то на другое ухо, — положил свой армяк на козлы, закинул туда же вожжи и, постёгивая плетёным кнутиком, посматривал то на свои сапоги, то на кучеров, которые мазали бричку. Один из них, натужившись, держал подъем; другой, нагнувшись над колесом, тщательно мазал ось и втулку, — даже, чтобы не пропадал остальной на помазке дёготь, мазнул им снизу по кругу. Почтовые, разно-

41

мáстные, разбитые лóшади стояли у решётки и отмáхивались от мух хвостáми. Одни из них, выставляя свои космáтые оплывшие нóги, жмýрили глазá и дремáли; другие от скýки чесáли ·друг дрýга или щипáли лист́ья и стéбли жёсткого тёмно-зелёно-
5 го пáпоротника, котóрый рос пóдле крыльцá. Нéсколько борзых собáк — одни тяжелó дышáли, лёжа на сóлнце, другие в тени ходили под коляской и бричкой и вылизывали сáло óколо осéй. Во всём вóздухе былá какáя-то пыльная мгла, горизóнт был сéро-лилóвого цвéта; но ни однóй тýчки нé было на нéбе. Силь-
10 ный зáпадный вéтер поднимáл столбáми пыль с дорóг и полéй, гнул макýшки высóких лип и берёз сáда и далекó относил пáдавшие жёлтые лист́ья. Я сидéл у окнá и с нетерпéнием ожидáл окончáния всех приготовлéний.

Когдá все собрались в гостиной óколо крýглого столá, чтобы
15 в послéдний раз провести нéсколько минýт вмéсте, мне и в гóлову не приходило, какáя грýстная минýта предстоит нам. Сáмые пустые мысли бродили в моéй головé. Я задавáл себé вопрóсы: какóй ямщик поéдет в бричке и какóй в коляске? кто поéдет с папá, кто с Кáрлом Ивáнычем? и для чегó непремéн-
20 но хотят меня укýтать в шарф и вáточную чýйку?

«Что я за нéженка? авóсь не замёрзну. Хоть бы поскорéй это всё кóнчилось: сесть бы и éхать».

— Комý прикáжете запиську о дéтском бельé отдáть? — сказáла вошéдшая, с заплáканными глазáми и с запиской в
25 рукé, Натáлья Сáвишна, обращáясь к maman.

— Николáю отдáйте, да приходите же пóсле с детьми проститься.

Старýшка хотéла чтó-то сказáть, но вдруг остановилась, закрыла лицó платкóм и, махнýв рукóю, вышла из кóмнаты.
30 У меня немнóго защемило сéрдце, когдá я увидáл это движéние; но нетерпéние éхать было сильнéе этого чýвства, и я продолжáл совершéнно равнодýшно слýшать разговóр отцá с мáтушкой. Они говорили о вещáх, котóрые замéтно не интересовáли ни тогó, ни другóго: что нýжно купить для дóма? что сказáть княжнé Sophie и madame Julie? * и хорошá ли бýдет дорóга?

---

* Софи и мадáм Жюли.

Вошёл Фока и точно тем же голосом, которым он докладывал «кушать готово», остановившись у притолоки, сказал:
«Лошади готовы». Я заметил, что maman вздрогнула и по-
бледнела при этом известии, как будто оно было для неё не-
ожиданно.   5

Фоке приказано было затворить все двери в комнате. Меня
это очень забавляло, «как будто все спрятались от кого-нибудь».

Когда все сели,[58] Фока тоже присел на кончике стула; но
только что он это сделал, дверь скрипнула, и все оглянулись.   10
В комнату торопливо вошла Наталья Савишна и, не поднимая
глаз, приютилась около двери на одном стуле с Фокой. Как
теперь вижу я плешивую голову, морщинистое неподвижное
лицо Фоки и сгорбленную добрую фигурку в чепце, из-под
которого виднеются седые волосы. Они жмутся на одном сту-   15
ле, и им обоим неловко.

Я продолжал быть беззаботен и нетерпелив. Десять секунд,
которые просидели с закрытыми дверьми, показались мне за
целый час. Наконец все встали, перекрестились и стали про-
щаться. Папа обнял maman и несколько раз поцеловал её.   20

— Полно, мой дружок, — сказал папа, — ведь не навек
расстаёмся.

— Всё-таки грустно! — сказала maman дрожащим от слёз
голосом.

Когда я услыхал этот голос, увидал её дрожащие губы и   25
глаза, полные слёз, я забыл про всё и мне так стало грустно,
больно и страшно, что хотелось бы лучше убежать, чем про-
щаться с нею. Я понял в эту минуту, что, обнимая отца, она
уже прощалась с нами.

Она столько раз принималась целовать и крестить Володю,   30
что — полагая, что она теперь обратится ко мне, — я совался
вперёд; но она ещё и ещё благословляла его и прижимала к
груди. Наконец я обнял её и, прильнув к ней, плакал, плакал,
ни о чём не думая, кроме своего горя.

Когда мы пошли садиться, в передней приступила проща́ть-
ся докучная дворня. Их «пожалуйте ручку-с»,[59] звучные поцелуи
в плечико и запах сала от их голов возбудили во мне чувство,
самое близкое к огорчению у людей раздражительных. Под

влиянием этого чувства я чрезвычайно холодно поцеловал в чепец Наталью Савишну, когда она вся в слезах прощалась со мною.

Странно то, что я как теперь вижу все лица дворовых и мог бы нарисовать их со всеми мельчайшими подробностями; но лицо и положение maman решительно ускользают из моего воображения: может быть, оттого, что во всё это время я ни разу не мог собраться с духом взглянуть на неё. Мне казалось, что, если бы я это сделал, её и моя горесть должны бы были дойти до невозможных пределов.

Я бросился прежде всех в коляску и уселся на заднем месте. За поднятым верхом я ничего не мог видеть, но какой-то инстинкт говорил мне, что maman ещё здесь.

«Посмотреть ли на неё ещё или нет?.. Ну, в последний раз!» — сказал я сам себе и высунулся из коляски к крыльцу. В это время maman с тою же мыслью подошла с противоположной стороны коляски и позвала меня по имени. Услыхав её голос сзади себя, я повернулся к ней, но так быстро, что мы стукнулись головами; она грустно улыбнулась и крепко, крепко поцеловала меня в последний раз.

Когда мы отъехали несколько сажен, я решился взглянуть на неё. Ветер поднимал голубенькую косыночку, которою была повязана её голова; опустив голову и закрыв лицо руками, она медленно всходила на крыльцо. Фока поддерживал её.

Папа сидел со мной рядом и ничего не говорил; я же захлёбывался от слёз, и что-то так давило мне в горле, что я боялся задохнуться... Выехав на большую дорогу, мы увидали белый платок, которым кто-то махал с балкона. Я стал махать своим, и это движение немного успокоило меня. Я продолжал плакать, и мысль, что слёзы мои доказывают мою чувствительность, доставляла мне удовольствие и отраду.

Отъехав с версту, я уселся попокойнее и с упорным вниманием стал смотреть на ближайший предмет перед глазами — заднюю часть пристяжной, которая бежала с моей стороны. Смотрел я, как махала хвостом эта пегая пристяжная, как забивала она одну ногу о другую, как доставал по ней плетёный кнут ямщика и ноги начинали прыгать вместе; смотрел, как прыгала на ней шлея и на шлее кольца, и смотрел до тех пор, покуда эта шлея покрылась около хвоста мылом. Я стал смотреть кругом: на волнующиеся поля спелой ржи, на тёмный пар, на котором кое-где виднелись соха, мужик, лошадь с жеребёнком, на верстовые столбы, заглянул даже на козлы, чтобы узнать, какой ямщик с нами едет; и ещё лицо моё не просохло от слёз, как мысли мои были далеко от матери, с которой я расстался, может быть, навсегда. Но всякое воспоминание наводило меня на мысль о ней. Я вспомнил о грибе, который нашёл накануне в берёзовой аллее, вспомнил о том, как Любочка с Катенькой поспорили — кому сорвать его, вспомнил и о том, как они плакали, прощаясь с нами. 10

Жалко их! и Наталью Савишну жалко, и берёзовую аллею, и Фоку жалко! Даже злую Мими — и ту жалко! Всё, всё жалко! А бедная *maman*? И слёзы опять навёртывались на глаза; но ненадолго. 15

Глава XV

ДЕТСТВО

Счастливая, счастливая, невозвратимая пора детства! Как не любить, не лелеять воспоминаний о ней? Воспоминания эти освежают, возвышают мою душу и служат для меня источником лучших 20 наслаждений.

Набегавшись досыта, сидишь, бывало, за чайным столом, на своём высоком креслице; уже поздно, давно выпил свою чашку молока с сахаром, сон смыкает глаза, но не трогаешься с места, сидишь 25 и слушаешь. И как не слушать? *Maman* говорит с кем-нибудь, и звуки голоса её так сладки, так приветливы. Одни звуки эти так много говорят моему сердцу! Отуманенными дремотой глазами я пристально смотрю на её лицо, и вдруг она сделалась вся маленькая, маленькая — лицо её не больше пуговки; 30 но оно мне всё так же ясно видно: вижу, как она взглянула на меня и как улыбнулась. Мне нравится видеть её такой крошечной. Я прищуриваю глаза ещё больше, и она делается не больше тех мальчиков, которые бывают в зрачках; но я пошевелился — и очарова́ние разру́шилось; я су́живаю глаза́, повора́чиваюсь, вся́чески стара́юсь возобнови́ть его́, но напра́сно.

Я встаю́, с нога́ми забира́юсь и ую́тно укла́дываюсь на кре́сло.

— Ты опя́ть заснёшь, Нико́ленька, — говори́т мне та-man, — ты бы лу́чше шёл на верх.

— Я не хочу́ спать, мама́ша, — отве́тишь ей, и нея́сные, но сла́дкие грёзы наполня́ют воображе́ние, здоро́вый де́тский сон смыка́ет ве́ки, и че́рез мину́ту забу́дешься и спишь до тех пор, пока́ не разбу́дят. Чу́вствуешь, быва́ло, впросо́нках, что чья́-то не́жная рука́ тро́гает тебя́; по одному́ прикоснове́нию узна́ешь её и ещё во сне нево́льно схва́тишь э́ту ру́ку и кре́пко, кре́пко прижмёшь её к губа́м.

Все уже́ разошли́сь; одна́ свеча́ гори́т в гости́ной; та-man сказа́ла, что она́ сама́ разбу́дит меня́; э́то она́ присе́ла на кре́сло, на кото́ром я сплю, свое́й чуде́сной не́жной ру́чкой провела́ по мои́м волоса́м, и над у́хом мои́м звучи́т ми́лый знако́мый го́лос:

— Встава́й, моя́ ду́шечка: пора́ идти́ спать.

Ничьи́ равноду́шные взо́ры не стесня́ют её: она́ не бои́тся изли́ть на меня́ всю свою́ не́жность и любо́вь. Я не шевелю́сь, но ещё кре́пче целу́ю её ру́ку.

— Встава́й же, мой а́нгел.

Она́ друго́й руко́й берёт меня́ за ше́ю, и па́льчики её бы́стро шевеля́тся и щеко́тят меня́. В ко́мнате ти́хо, полутемно́; не́рвы мои́ возбуждены́ щеко́ткой и пробужде́нием; мама́ша сиди́т по́дле самого́ меня́; она́ тро́гает меня́; я слы́шу её за́пах и го́лос. Всё э́то заставля́ет меня́ вскочи́ть, обви́ть рука́ми её ше́ю, прижа́ть го́лову к её груди́ и, задыха́ясь, сказа́ть:

— Ах, ми́лая, ми́лая мама́ша, как я тебя́ люблю́!

Она́ улыба́ется свое́й гру́стной, очарова́тельной улы́бкой, берёт обе́ими рука́ми мою́ го́лову, целу́ет меня́ в лоб и кладёт к себе́ на коле́ни.

— Так ты меня́ о́чень лю́бишь? — Она́ молчи́т с мину́ту, пото́м говори́т: — Смотри́, всегда́ люби́ меня́, никогда́ не забыва́й. Если не бу́дет твое́й мама́ши, ты не забу́дешь её? не забу́дешь, Нико́ленька?

Она́ ещё нежне́е целу́ет меня́.

— Полно! и не говори этого, голубчик мой, душечка моя! — вскрикиваю я, целуя её колени, и слёзы ручьями льются из моих глаз — слёзы любви и восторга.

После этого, как, бывало, придёшь на верх и станешь перед иконами, в своём ваточном халатце, какое чудесное чувство испытываешь, говоря: «Спаси, господи, папеньку и маменьку». Повторяя молитвы, которые в первый раз лепетали детские уста мои за любимой матерью, любовь к ней и любовь к богу как-то странно сливались в одно чувство.

После молитвы завернёшься, бывало, в одеяльце; на душе легко, светло и отрадно; одни мечты гонят другие,— но о чём они? Они неуловимы, но исполнены чистой любовью и надеждами на светлое счастие. Вспомнишь, бывало, о Карле Иваныче и его горькой участи — единственном человеке, которого я знал несчастливым,— и так жалко станет, так полюбишь его, что слёзы потекут из глаз, и думаешь: «Дай бог ему счастия, дай мне возможность помочь ему, облегчить его горе; я всем готов для него пожертвовать». Потом любимую фарфоровую игрушку — зайчика или собачку — уткнёшь в угол пуховой подушки и любуешься, как хорошо, тепло и уютно ей там лежать. Ещё помолишься о том, чтобы дал бог счастия всем, чтобы все были довольны и чтобы завтра была хорошая погода для гулянья, повернёшься на другой бок, мысли и мечты перепутаются, смешаются, и уснёшь тихо, спокойно, ещё с мокрым от слёз лицом.

Вернутся ли когда-нибудь та свежесть, беззаботность, потребность любви и сила веры, которыми обладаешь в детстве? Какое время может быть лучше того, когда две лучшие добродетели — невинная весёлость и беспредельная потребность любви — были единственными побуждениями в жизни?

Где те горячие молитвы? где лучший дар — те чистые слёзы умиления? Прилетал ангел-утешитель, с улыбкой утирал слёзы эти и навевал сладкие грёзы неиспорченному детскому воображению.

Неужели жизнь оставила такие тяжёлые следы в моём сердце, что навеки отошли от меня слёзы и восторги эти? Неужели остались одни воспоминания?

Глава XVI

СТИХИ

Почти ме́сяц по́сле того́, как мы перее́хали в Москву́, я сиде́л на верху́ ба́бушкиного до́ма, за больши́м столо́м, и писа́л; напро́тив меня́ сиде́л рисова́льный учи́тель и оконча-
5 тельно поправля́л нарисо́ванную чёрным карандашо́м голо́вку како́го-то ту́рка в чалме́. Воло́дя, вы́тянув ше́ю, стоя́л сза́ди учи́теля и смотре́л ему́ че́рез плечо́. Голо́вка э́та была́ пе́рвое произведе́ние Воло́ди чёрным каран-
10 дашо́м и ны́нче же, в день а́нгела ба́бушки, должна́ была́ быть поднесена́ ей.

— А сюда́ вы не поло́жите ещё те́ни? — сказа́л Воло́дя учи́телю, приподнима́ясь на цы́почки и ука́зывая на ше́ю ту́рка.

— Нет, не ну́жно, — сказа́л учи́тель, укла́дывая карандаши́
15 и рейсфе́дер в задвижно́й я́щичек, — тепе́рь прекра́сно, и вы бо́льше не прикаса́йтесь. Ну, а вы, Нико́ленька, — приба́вил он, встава́я и продолжа́я и́скоса смотре́ть на ту́рка, — откро́йте, наконе́ц, нам ваш секре́т, что вы поднесёте ба́бушке? Пра́во, лу́чше бы́ло бы то́же голо́вку. Проща́йте, господа́, — сказа́л
20 он, взял шля́пу, билети́к[60] и вы́шел.

В э́ту мину́ту я то́же ду́мал, что лу́чше бы бы́ло голо́вку, чем то, над чем я труди́лся. Когда́ нам объяви́ли, что ско́ро бу́дут имени́ны ба́бушки, и что нам до́лжно пригото́вить к э́тому дню пода́рки, мне пришло́ в го́лову написа́ть ей стихи́ на э́тот слу-
25 чай, и я то́тчас же прибра́л два стиха́ с ри́фмами, наде́ясь так же ско́ро прибра́ть остальны́е. Я реши́тельно не по́мню, каки́м о́бразом вошла́ мне в го́лову така́я стра́нная для ребёнка мысль, но по́мню, что она́ мне о́чень нра́вилась и что на все вопро́сы об э́том предме́те я отвеча́л, что непреме́нно поднесу́ ба́бушке
30 пода́рок, но никому́ не скажу́, в чём он бу́дет состоя́ть.

Про́тив моего́ ожида́ния оказа́лось, что, кро́ме двух стихо́в, приду́манных мно́ю сгоряча́, я, несмотря́ на все уси́лия, ничего́ да́льше не мог сочини́ть. Я стал чита́ть стихи́, кото́рые бы́ли в на́ших кни́гах; но ни Дми́триев, ни Держа́вин[61] не помогли́ мне — напро́тив, они́ ещё бо́лее убеди́ли меня́ в мое́й неспосо́бности.

48

Зная, что Карл Иваныч любил списывать стишки, я стал потихоньку рыться в его бумагах и в числе немецких стихотворений нашёл одно русское, принадлежащее, должно быть, собственно его перу.

Г-же Л... Петровской, 1828, 3 июни.

Помните близко,[62]
Помните далеко,
Помните моего
Ещё отныне и до всегда,
Помните ещё до моего гроба
Как верен я любить имею.

Карл Мауер.

Стихотворение это, написанное красивым круглым почерком на тонком почтовом листе, понравилось мне по трогательному чувству, которым оно проникнуто; я тотчас же выучил его наизусть и решился взять за образец.[63] Дело пошло гораздо легче. В день именин поздравление из двенадцати стихов было готово, и, сидя за столом в классной, я переписывал его на веленевую бумагу

Уже два листа бумаги были испорчены... не потому, чтобы я думал что-нибудь переменить в них: стихи мне казались превосходными; но с третьей линейки концы их начали загибаться кверху всё больше и больше, так что даже издалека видно было, что это написано криво и никуда не годится.

Третий лист был так же крив, как и прежние; но я решился не переписывать больше. В стихотворении своём я поздравлял бабушку, желал ей много лет здравствовать и заключал так.

Стараться будем утешать
И любим, как родную мать.

Кажется, было бы очень недурно, но последний стих как-то странно оскорблял мой слух.

— И любим, как родную мать, — твердил я себе под нос. — Какую бы рифму вместо *мать*? играть? кровать?.. Э, сойдёт! всё лучше карл-иванычевых![64]

И я написал последний стих. Потом в спальне я прочёл

вслух всё своё сочинение с чувством и жестами. Были стихи совершенно без размера, но я не останавливался на них; последний же ещё сильнее и неприятнее поразил меня. Я сел на кровать и задумался...

5 «Зачем я написал: *как родную мать?* её ведь здесь нет, так не нужно было и поминать её; правда, я бабушку люблю, уважаю, но всё она не то... зачем я написал это, зачем я солгал? Положим, это стихи, да всё-таки не нужно было».

В это самое время вошёл портной и принёс новые полу-
10 фрачки.

— Ну, так и быть! — сказал я в сильном нетерпении, с досадой сунул стихи под подушку и побежал примеривать московское платье.

Московское платье оказалось превосходно: коричневые
15 полуфрачки с бронзовыми пуговками были сшиты в обтяж-ку[65] — не так, как в деревне нам шивали, на рост, — чёрные брючки, тоже узенькие, чудо как хорошо обозначали мускулы и лежали на сапогах.

«Наконец-то и у меня панталоны со штрипками, настоя-
20 щие!» — мечтал я, вне себя от радости, осматривая со всех сторон свои ноги. Хотя мне было очень узко и неловко в новом платье, я скрыл это от всех, сказал, что, напротив, мне очень покойно и что ежели есть недостаток в этом платье, так только тот, что оно немножко просторно. После этого я очень долго,
25 стоя перед зеркалом, причёсывал свою обильно напомаженную голову, но сколько ни старался, я никак не мог пригладить вихры на макушке: как только я, желая испытать их послуша-ние, переставал прижимать их щёткой, они поднимались и торчали в разные стороны, придавая моему лицу самое смешное
30 выражение.

Карл Иваныч одевался в другой комнате, и через классную пронесли к нему синий фрак и ещё какие-то белые принадлеж-ности. У двери, которая вела вниз, послышался голос одной из горничных бабушки; я вышел, чтобы узнать, что ей нужно. Она держала на руке туго накрахмаленную манишку и сказа-ла мне, что она принесла её для Карла Иваныча и что ночь не спала для того, чтобы успеть вымыть её ко времени. Я взялся передать манишку и спросил, встала ли бабушка.

50

— Как же-с! уж кóфе откýшали, и протопóп пришёл. Какúм вы молóдчиком! — прибáвила онá с улы́бкой, оглядывая моё нóвое плáтье.

Замечáние э́то застáвило меня покраснéть; я перевернýлся на однóй нóжке, щёлкнул пáльцами и припры́гнул, желáя ей э́тим дать почýвствовать, что онá ещё не знáет хорошéнько, какóй я действúтельно молóдчик.

Когдá я принёс манúшку Кáрлу Ивáнычу, онá ужé былá не нужнá емý: он надéл другýю и, перегнýвшись перед мáленьким зéркальцем, котóрое стоя́ло на столé, держáлся обéими рукáми за пы́шный бант своегó гáлстука и прóбовал, свобóдно ли вхóдит в негó и обрáтно егó глáдко вы́бритый подборóдок. Обдёрнув со всех сторóн нáши плáтья и попросúв Николáя сдéлать для негó то же сáмое, он повёл нас к бáбушке. Мне смешнó вспóмнить, как сúльно пáхло от нас троúх помáдой, в то врéмя, как мы стáли спускáться по лéстнице.

У Кáрла Ивáныча в рукáх былá корóбочка своегó издéлия, у Волóди — рисýнок, у меня́ — стихú; у кáждого на языкé бы́ло привéтствие, с котóрым он поднесёт свой подáрок. В ту минýту, как Карл Ивáныч отворúл дверь зáлы, священник надевáл рúзу и раздалúсь пéрвые звýки молéбна.

Бáбушка былá ужé в зáле: сгóрбившись и опершúсь на спúнку стýла, онá стоя́ла у стéнки и нáбожно молúлась; пóдле неё стоя́л папá. Он обернýлся к нам и улыбнýлся, замéтив, как мы, заторопúвшись, пря́тали зá спины приготóвленные подáрки и, старáясь быть незамéченными, остановúлись у сáмой двéри. Весь эффéкт неожúданности, на котóрый мы рассчúтывали, был потéрян.

Когдá стáли подходúть к крестý, я вдруг почýвствовал, что нахожýсь под тяжёлым влия́нием непреодолúмой, одуревáющей застéнчивости, и, чýвствуя, что у меня никогдá недостáнет дýху поднестú свой подáрок, я спря́тался зá спину Кáрла Ивáныча, котóрый, в сáмых отбóрных выражéниях поздрáвив бáбушку, переложúл корóбочку из прáвой рукú в лéвую, вручúл её имянúннице и отошёл нéсколько шагóв, чтобы дать мéсто Волóде. Бáбушка, казáлось, былá в восхищéнии от корóбочки, оклéенной золоты́ми каёмками, и сáмой лáсковой улы́бкой вы́разила свою́ благодáрность. Замéтно, однáко, бы́ло, что онá не знáла,

51

куда́ поста́вить э́ту коро́бочку, и, должно́ быть, поэ́тому предложи́ла папа́ посмотре́ть, как удиви́тельно иску́сно она́ сде́лана.

Удовлетвори́в своему́ любопы́тству, папа́ переда́л её протопо́пу, кото́рому вещи́ца э́та, каза́лось, чрезвыча́йно понра́вилась: он пока́чивал голово́й и с любопы́тством посма́тривал то на коро́бочку, то на ма́стера,[66] кото́рый мог сде́лать таку́ю прекра́сную шту́ку. Воло́дя поднёс своего́ ту́рка и то́же заслужи́л са́мые ле́стные похвалы́ со всех сторо́н. Наста́л и мой черёд: ба́бушка с одобри́тельной улы́бкой обрати́лась ко мне.

Те, кото́рые испыта́ли засте́нчивость, зна́ют, что чу́вство э́то увели́чивается в прямо́м отноше́нии вре́мени,[67] а реши́тельность уменьша́ется в обра́тном отноше́нии,[68] то есть: чем бо́льше продолжа́ется э́то состоя́ние, тем де́лается оно́ непреодоли́мее и тем ме́нее остаётся реши́тельности.

После́дняя сме́лость и реши́тельность оста́вили меня́ в то вре́мя, когда́ Карл Ива́ныч и Воло́дя подноси́ли свои́ пода́рки, и засте́нчивость моя́ дошла́ до после́дних преде́лов: я чу́вствовал, как кровь от се́рдца беспреста́нно прилива́ла мне в го́лову, как одна́ кра́ска на лице́ сменя́лась друго́ю и как на лбу и на носу́ выступа́ли кру́пные ка́пли по́та. У́ши горе́ли, по всему́ те́лу я чу́вствовал дрожь и испа́рину, перемина́лся с ноги́ на́ ногу и не тро́гался с ме́ста.

— Ну, покажи́ же, Нико́ленька, что у тебя́ — коро́бочка и́ли рисова́нье? — сказа́л мне папа́.

Де́лать бы́ло не́чего: дрожа́щей руко́й по́дал я измя́тый роково́й свёрток; но го́лос соверше́нно отказа́лся служи́ть мне, и я мо́лча останови́лся перед ба́бушкой. Я не мог прийти́ в себя́ от мы́сли, что, вме́сто ожида́емого рису́нка, при всех прочту́т мой никуда́ не го́дные стихи́ и слова́: *как родну́ю мать,* кото́рые я́сно дока́жут, что я никогда́ не люби́л и забы́л её. Как переда́ть мои́ страда́ния в то вре́мя, когда́ ба́бушка начала́ чита́ть вслух моё стихотворе́ние и когда́, не разбира́я, она́ остана́вливалась на середи́не стиха́, чтобы с улы́бкой, кото́рая тогда́ мне каза́лась насме́шливою, взгляну́ть на папа́, когда́ она́ произноси́ла не так, как мне хоте́лось, и когда́, по сла́бости зре́ния, не дочтя́ до конца́, она́ передала́ бума́гу папа́ и попроси́ла его́ проче́сть ей всё снача́ла? Мне каза́лось, что она́ э́то сде́лала потому́, что ей надое́ло чита́ть таки́е дурны́е и кри́во напи́санные стихи́,

и для того, чтобы папа́ мог сам проч́есть послёдний стих, столь
явно дока́зывающий мою́ бесчу́вственность. Я ожида́л того́,
что он щёлкнет меня́ по́ носу э́тими стиха́ми и ска́жет: «Дрян-
но́й мальчи́шка, не забыва́й мать... вот тебе́ за э́то!» — но ниче-
го́ тако́го не случи́лось: напро́тив, когда́ всё бы́ло прочтено́, 5
ба́бушка сказа́ла: «Charmant!»*, и поцелова́ла меня́ в лоб.

Коро́бочка, рису́нок и стихи́ бы́ли поло́жены ря́дом с двумя́
бати́стовыми платка́ми и табаке́ркой с портре́том mаmаn на
выдвижно́й сто́лик вольте́ровского кре́сла, в кото́ром всегда́
си́живала ба́бушка. 10

— Княги́ня Варва́ра Ильи́нишна, — доложи́л оди́н из двух
огро́мных лаке́ев, е́здивших за каре́той ба́бушки.

Ба́бушка, заду́мавшись, смотре́ла на портре́т, вде́ланный в
черепа́ховую табаке́рку, и ничего́ не отвеча́ла.

— Прика́жете проси́ть, ва́ше сия́тельство?[69] — повтори́л ла- 15
ке́й.

Глава́ XVII

КНЯГИНЯ КОРНАКОВА

— Проси́, — сказа́ла ба́бушка, уса́-
живаясь глу́бже в кре́сло.

Княги́ня была́ же́нщина лет сорока́
пяти́, ма́ленькая, тщеду́шная, суха́я и 20
жёлчная, с се́ро-зелёными неприя́тны-
ми гла́зками, выраже́ние кото́рых я́вно
противоре́чило неесте́ственно-уми́льно
сло́женному ро́тику. Из-под ба́рхатной
шля́пки с стра́усовым перо́м видне́лись све́тло-рыжева́тые во- 25
лосы; бро́ви и ресни́цы каза́лись ещё светле́е и рыжева́тее на
нездоро́вом цве́те её лица́. Несмотря́ на э́то, благодаря́ её не-
принуждённым движе́ниям, кро́шечным рука́м и осо́бенной су́-
хости во всех черта́х, о́бщий вид её име́л что́-то благоро́дное
и энерги́ческое. 30

Княги́ня о́чень мно́го говори́ла и по свое́й речи́вости при-
надлежа́ла к тому́ разря́ду люде́й, кото́рые всегда́ говоря́т так,

* Очарова́тельно (*франц.*).

53

как бу́дто им противоре́чат, хотя́ бы никто́ не говори́л ни сло́ва: она́ то возвыша́ла го́лос, то, постепе́нно понижа́я его́, вдруг с но́вой жи́востью начина́ла говори́ть и огля́дывалась на прису́т-ствующих, но не принима́ющих уча́стия в разгово́ре осо́б, как
5 бу́дто стара́ясь подкрепи́ть себя́ э́тим взгля́дом.

Несмотря́ на то, что княги́ня поцелова́ла ру́ку ба́бушки, бес-преста́нно называ́ла её ma bonne tante*, я заме́тил, что ба́бушка была́ ею недово́льна: она́ ка́к-то осо́бенно поднима́ла бро́ви, слу́шая её расска́з о том, почему́ князь Миха́йло ника́к не мог
10 сам прие́хать поздра́вить ба́бушку, несмотря́ на сильне́йшее жела́ние; и, отвеча́я по-ру́сски на францу́зскую речь княги́ни, она́ сказа́ла, осо́бенно растя́гивая свои́ слова́:

— Очень вам благода́рна, моя́ ми́лая, за ва́шу внима́тель-ность; а что князь Миха́йло не прие́хал, так что ж про то и го-
15 вори́ть... у него́ всегда́ дел про́пасть; да и то сказа́ть, что ему́ за удово́льствие с стару́хой сиде́ть?

И, не дава́я княги́не вре́мени опрове́ргнуть её слова́, она́ продолжа́ла:

— Что, как ва́ши де́тки, моя́ ми́лая?
20 — Да, сла́ва бо́гу, ma tante†, расту́т, у́чатся, шаля́т... осо́-бенно Этье́н — ста́рший, тако́й пове́са стано́вится, что ла́ду ни-како́го нет; зато́ и умён — un garçon, qui promet‡. Мо́жете себе́ предста́вить, mon cousin§, — продолжа́ла она́, обраща́ясь исключи́тельно к папа́, потому́ что ба́бушка, ниско́лько не ин-
25 тересу́ясь детьми́ княги́ни, а жела́я похва́статься свои́ми вну́-ками, с тща́тельностию доста́ла мои́ стихи́ из-под коро́бочки и ста́ла их развёртывать, — мо́жете себе́ предста́вить, mon cou-sin, что он сде́лал на днях...

И княги́ня, наклони́вшись к папа́, начала́ ему́ расска́зывать
30 что́-то с больши́м одушевле́нием. Око́нчив расска́з, кото́рого я не слыха́л, она́ то́тчас засмея́лась и, вопроси́тельно гля́дя в лицо́ папа́, сказа́ла:

— Каков ма́льчик, mon cousin? Он сто́ил, чтобы его́ вы́-сечь,[70] но вы́думка э́та так умна́ и заба́вна, что я его́ прости́ла, mon cousin.

* Моя́ до́брая тётушка (франц.).
† Тётушка (франц.).
‡ Ма́льчик, подаю́щий наде́жды (франц.).
§ Мой кузе́н (франц.).

И княгиня, устремив взоры на бабушку, ничего не говоря, продолжала улыбаться.

— Разве вы *бьёте* своих детей, моя милая? — спросила бабушка, значительно поднимая брови и делая особенное ударение на слове *бьёте*.

— Ах, ma bonne tante, — кинув быстрый взгляд на папа, добреньким голоском отвечала княгиня, — я знаю, какого вы мнения на этот счёт; но позвольте мне в этом одном с вами не согласиться: сколько я ни думала, сколько ни читала, ни советовалась об этом предмете, всё-таки опыт привёл меня к тому, что я убедилась в необходимости действовать на детей страхом. Чтобы что-нибудь сделать из ребёнка, нужен страх... не так ли, mon cousin? А чего, je vous demande un peu*, дети боятся больше, чем розги?

При этом она вопросительно взглянула на нас, и, признаюсь, мне сделалось как-то неловко в эту минуту.

— Как ни говорите, а мальчик до двенадцати и даже до четырнадцати лет всё ещё ребёнок; вот девочка — другое дело.

«Какое счастье, — подумал я, — что я не её сын».

— Да, это прекрасно, моя милая, — сказала бабушка, свёртывая мои стихи и укладывая их под коробочку, как будто не считая после этого княгиню достойною слышать такое произведение, — это очень хорошо, только скажите мне, пожалуйста, каких после этого вы можете требовать деликатных чувств от ваших детей?

И, считая этот аргумент неотразимым, бабушка прибавила, чтобы прекратить разговор:

— Впрочем, у каждого на этот счёт может быть своё мнение.

Княгиня не отвечала, но только снисходительно улыбалась, выражая этим, что она извиняет эти странные предрассудки в особе, которую так много уважает.

— Ах, да познакомьте же меня с вашими молодыми людьми, — сказала она, глядя на нас и приветливо улыбаясь.

Мы встали и, устремив глаза на лицо княгини, никак не знали: что же нужно сделать, чтобы доказать, что мы познакомились.

_____
* Я вас спрашиваю (*франц.*).

55

— Поцелу́йте же ру́ку княги́ни, — сказа́л папа́.

— Прошу́ люби́ть ста́рую тётку, — говори́ла она́, целу́я Воло́дю в во́лосы, — хотя́ я вам и да́льняя,[71] но я счита́ю по дру́жеским свя́зям, а не по степеня́м родства́, — приба́вила она́,
5 относя́сь преиму́щественно к ба́бушке; но ба́бушка продолжа́ла быть недово́льной е́ю и отвеча́ла:

— Э! моя́ ми́лая, ра́зве ны́нче счита́ется тако́е родство́?

— Э́тот у меня́ бу́дет све́тский молодо́й челове́к, — сказа́л папа́, ука́зывая на Воло́дю, — а э́тот поэ́т, — приба́вил он, в то
10 вре́мя как я, целу́я ма́ленькую, суху́ю ру́чку княги́ни, с чрезвыча́йной я́сностью вообража́л в э́той руке́ ро́згу, под ро́згой — скаме́йку, и т. д., и т. д.

— Кото́рый? — спроси́ла княги́ня, уде́рживая меня́ за́ руку.

— А э́тот, ма́ленький, с вихра́ми, — отвеча́л папа́, ве́село
15 улыба́ясь.

«Что ему́ сде́лали мои́ вихры́... ра́зве нет друго́го разгово́ра?» — поду́мал я и отошёл в у́гол.

Я име́л са́мые стра́нные поня́тия о красоте́ — да́же Ка́рла Ива́ныча счита́л пе́рвым краса́вцем в ми́ре; но о́чень хорошо́
20 знал, что я нехоро́ш собо́ю, и в э́том ниско́лько не ошиба́лся; поэ́тому ка́ждый намёк на мою́ нару́жность бо́льно оскорбля́л меня́.

Я о́чень хорошо́ по́мню, как раз за обе́дом — мне бы́ло тогда́ шесть лет — говори́ли о мое́й нару́жности, как maman стара́лась найти́ что́-нибудь хоро́шее в моём лице́, говори́ла, что
25 у меня́ у́мные глаза́, прия́тная улы́бка, и, наконе́ц, уступа́я до́водам отца́ и очеви́дности, принуждена́ была́ созна́ться, что я дурён; и пото́м, когда́ я благодари́л её за обе́д, потрепа́ла меня́ по щеке́ и сказа́ла:

30 — Ты э́то знай, Нико́ленька, что за твоё лицо́ тебя́ никто́ не бу́дет люби́ть; поэ́тому ты до́лжен стара́ться быть у́мным и до́брым ма́льчиком.

Э́ти слова́ не то́лько убеди́ли меня́ в том, что я не краса́вец, но ещё и в том, что я непреме́нно бу́ду до́брым и у́мным ма́льчиком.

Несмотря́ на э́то, на меня́ ча́сто находи́ли мину́ты отча́яния: я вообража́л, что нет сча́стия на земле́ для челове́ка с таки́м широ́ким но́сом, то́лстыми губа́ми и ма́ленькими се́рыми глаза́ми, как я; я проси́л бо́га сде́лать чу́до — преврати́ть меня́ в краса́вца, и всё, что име́л в настоя́щем, всё, что мог име́ть в бу́дущем, я всё о́тдал бы за краси́вое лицо́.

Глава́ XVIII

КНЯЗЬ ИВАН ИВАНЫЧ

 Когда́ княги́ня вы́слушала стихи́ и осы́пала сочини́теля 5 похвала́ми, ба́бушка смягчи́лась, ста́ла говори́ть с ней по-францу́зски, переста́ла называ́ть её *вы, моя́ ми́лая* и пригласи́ла прие́хать к нам ве́чером со все́ми детьми́, на что княги́ня согласи́лась и, посиде́в ещё 10 немно́го, уе́хала.

Госте́й с поздравле́ниями приезжа́ло так мно́го в э́тот день, что на дворе́, о́коло подъе́зда, це́лое у́тро не переста́вало стоя́ть по не́скольку экипа́жей.

— Bonjour, chère cousine *, — сказа́л оди́н из госте́й, войдя́ 15 в ко́мнату и целу́я ру́ку ба́бушки.

Это был челове́к лет семи́десяти, высо́кого ро́ста, в вое́нном мунди́ре с больши́ми эполе́тами, из-под воротника́ кото́рого ви́ден был большо́й бе́лый крест, и с споко́йным откры́тым выраже́нием лица́. Свобо́да и простота́ его́ движе́ний порази́ли 20 меня́. Несмотря́ на то, что то́лько на заты́лке его́ остава́лся полукру́г жи́дких воло́с и что положе́ние ве́рхней губы́ я́сно дока́зывало недоста́ток зубо́в, лицо́ его́ бы́ло ещё замеча́тельной красоты́.

Кня́зь Ива́н Ива́ныч в конце́ про́шлого столе́тия, благодаря́ 25 своему́ благоро́дному хара́ктеру, краси́вой нару́жности, замеча́тельной хра́брости, зна́тной и си́льной родне́ и в осо́бенности сча́стию, сде́лал ещё в о́чень молоды́х лета́х блестя́щую карье́ру. Он продолжа́л служи́ть, и о́чень ско́ро честолю́бие его́ бы́ло так удовлетворено́, что ему́ бо́льше не́чего бы́ло жела́ть в э́том от- 30 ноше́нии. С пе́рвой мо́лодости он держа́л себя́ так, как бу́дто

---

* Здра́вствуйте, дорога́я кузи́на (*франц.*).

57

готовился занять то блестящее место в свете, на которое впоследствии поставила его судьба; поэтому, хотя в его блестящей и несколько тщеславной жизни, как и во всех других, встречались неудачи, разочарования и огорчения, он ни разу не изменил ни своему всегда спокойному характеру, ни возвышенному образу мыслей, ни основным правилам религии и нравственности и приобрёл общее уважение не столько на основании своего блестящего положения, сколько на основании своей последовательности и твёрдости. Он был небольшого ума, но благодаря такому положению, которое позволяло ему свысока смотреть на все тщеславные треволнения жизни, образ мыслей его был возвышенный. Он был добр и чувствителен, но холоден и несколько надменен в обращении. Это происходило оттого, что, быв поставлен в такое положение, в котором он мог быть полезен многим, своею холодностью он старался оградить себя от беспрестанных просьб и заискиваний людей, которые желали только воспользоваться его влиянием. Холодность эта смягчалась, однако, снисходительной вежливостью человека *очень большого света*. Он был хорошо образован и начитан; но образование его остановилось на том, что он приобрёл в молодости, то есть в конце прошлого столетия. Он прочёл всё, что было написано во Франции замечательного по части философии и красноречия в XVIII веке, основательно знал все лучшие произведения французской литературы, так что мог и любил часто цитировать места из Расина, Корнеля, Боало, Мольера, Монтеня, Фенелона,[72] имел блестящие познания в мифологии и с пользой изучал, во французских переводах, древние памятники эпической поэзии, имел достаточные познания в истории, почерпнутые им из Сегюра;[73] но не имел никакого понятия ни о математике, дальше арифметики, ни о физике, ни о современной литературе: он мог в разговоре прилично умолчать или сказать несколько общих фраз о Гёте, Шиллере и Байроне,[74] но никогда не читал их. Несмотря на это французско-классическое образование, которого остаётся теперь уже так мало образчиков, разговор его был прост, и простота эта одинаково скрывала его незнание некоторых вещей и выказывала приятный тон и терпимость. Он был большой враг всякой оригинальности, говоря, что оригинальность есть уловка людей дурного тона. Общество

было для него необходимо, где бы он ни жил; в Москве или
за границей, он всегда жил одинаково открыто и в известные
дни принимал у себя весь город. Он был на такой ноге[75] в городе, что пригласительный билет от него мог служить паспортом
во все гостиные, что многие моло́денькие и хоро́шенькие да́мы   5
охотно подставляли ему свои ро́зовенькие щёчки, которые он
целовал как бу́дто с отеческим чу́вством, и что ины́е, по-видимому, о́чень ва́жные и поря́дочные лю́ди бы́ли в неопи́санной
ра́дости, когда́ допуска́лись к па́ртии[76] кня́зя.

Уже́ ма́ло остава́лось для кня́зя таки́х люде́й, как ба́бушка,   10
кото́рые бы́ли бы с ним одного́ кру́га, одина́кого воспита́ния,
взгля́да на ве́щи и одни́х лет; поэ́тому он осо́бенно дорожи́л
свое́й стари́нной, дру́жеской свя́зью с не́ю и ока́зывал ей всегда́
да большо́е уваже́ние.

Я не мог нагляде́ться на кня́зя: уваже́ние, кото́рое ему́ все   15
ока́зывали, больши́е эполе́ты, осо́бенная ра́дость, кото́рую
изъяви́ла ба́бушка, уви́дев его́, и то, что он оди́н, по-ви́димому,
не боя́лся её, обраща́лся с ней соверше́нно свобо́дно и да́же
име́л сме́лость называ́ть её ma cousine, внуши́ли мне к нему́
уваже́ние, ра́вное, е́сли не бо́льшее, тому́, кото́рое я чу́вство-   20
вал к ба́бушке. Когда́ ему́ показа́ли мои́ стихи́, он подозва́л
меня́ к себе́ и сказа́л:

— Почём знать, ma cousine, мо́жет быть, э́то бу́дет друго́й
Держа́вин.[77]

При э́том он так бо́льно ущипну́л меня́ за щеку, что е́сли я   25
не вскри́кнул, так то́лько потому́, что догада́лся приня́ть э́то
за ла́ску.

Го́сти разъе́хались, папа́ и Воло́дя вы́шли; в гости́ной оста́-
лись князь, ба́бушка и я.

— Отчего́ э́то на́ша ми́лая Ната́лья Никола́евна не при-   30
е́хала? — спроси́л вдруг князь Ива́н Ива́ныч, по́сле мину́тного
молча́ния.

— Ah! mon cher *, — отвеча́ла ба́бушка, пони́зив го́лос и по-
ложи́в ру́ку на рука́в его́ мунди́ра, — она́, ве́рно бы, прие́хала,
е́сли б была́ свобо́дна де́лать, что хо́чет. Она́ пи́шет мне, что
бу́дто Pierre † предлага́л ей е́хать, но что она́ сама́ отказа́лась,

---

* Ах! мой дорого́й (франц.).
† Пьер.

потому́ что дохо́дов у них бу́дто бы совсе́м не́ было ны́нешний год; и пи́шет: «Прито́м, мне и не́зачем переезжа́ть ны́нешний год всем до́мом в Москву́. Лю́бочка ещё сли́шком мала́; а насчёт ма́льчиков, кото́рые бу́дут жить у вас, я ещё поко́йнее, чем е́жели бы они́ бы́ли со мно́ю». Всё э́то прекра́сно! — продолжа́ла ба́бушка таки́м то́ном, кото́рый я́сно дока́зывал, что она́ во́все не находи́ла, чтобы э́то бы́ло прекра́сно, — ма́льчиков давно́ пора́ бы́ло присла́ть сюда́, чтобы они́ могли́ чему́-нибудь учи́ться и привыка́ть к све́ту; а то како́е же им могли́ дать воспита́ние в дере́вне?.. ведь ста́ршему ско́ро трина́дцать лет, а друго́му оди́ннадцать... Вы заме́тили, mon cousin, они́ здесь соверше́нно как ди́кие... в ко́мнату войти́ не уме́ют.

— Я, одна́ко, не понима́ю, — отвеча́л князь, — отчего́ э́ти всегда́шние жа́лобы на расстро́йство обстоя́тельств? У него́ о́чень хоро́шее состоя́ние, а Ната́шину Хаба́ровку, в кото́рой мы с ва́ми во вре́мя оно́[78] и́грывали на теа́тре, я зна́ю, как свои́ пять па́льцев, — чуде́сное име́нье! и всегда́ должно́ приноси́ть прекра́сный дохо́д.

— Я вам скажу́, как и́стинному дру́гу, — прервала́ его́ ба́бушка с гру́стным выраже́нием, — мне ка́жется, что всё э́то отгово́рки, для того́ то́лько, чтобы *ему́* жить здесь одному́, шля́ться по клу́бам, по обе́дам и бог зна́ет что де́лать; а она́ ничего́ не подозрева́ет. Вы зна́ете, кака́я э́то а́нгельская доброта́ — она́ *ему́* во всём ве́рит. Он увери́л её, что дете́й ну́жно везти́ в Москву́, а ей одно́й, с глу́пой гуверна́нткой, остава́ться в дере́вне, — она́ пове́рила; скажи́ он ей, что дете́й ну́жно сечь, так же как сечёт свои́х княги́ня Варва́ра Ильи́нишна, она́ и тут, ка́жется бы, согласи́лась, — сказа́ла ба́бушка, повора́чиваясь в своём кре́сле с ви́дом соверше́нного презре́ния. — Да, мой друг, — продолжа́ла ба́бушка по́сле мину́тного молча́ния, взяв в ру́ки оди́н из двух платко́в, чтобы утере́ть показа́вшуюся слезу́, — я ча́сто ду́маю, что *он* не мо́жет ни цени́ть, ни понима́ть её и что, несмотря́ на всю её доброту́, любо́вь к нему́ и стара́ние скрыть своё го́ре — я о́чень хорошо́ зна́ю э́то, — она́ не мо́жет быть с ним сча́стлива; и помяни́те моё сло́во, е́сли он не...

Ба́бушка закры́ла лицо́ платко́м.

— Eh, ma bonne amie *, — сказа́л князь с упрёком, — я ви-

_____
* Э! мой до́брый друг (*франц.*).

жу, вы нисколько не стали благоразумнее — вечно сокрушаетесь и плачете о воображаемом горе. Ну, как вам не совестно? Я *его* давно знаю, и знаю за внимательного, доброго и прекрасного мужа и главное — за благороднейшего человека, un parfait honnête homme*.

Невольно подслушав разговор, которого мне не должно было слушать, я на цыпочках и в сильном волнении выбрался из комнаты.

Глава XIX
ИВИНЫ

— Володя! Володя! Ивины! — закричал я, увидев в окно трёх мальчиков в синих бекешах с бобровыми воротниками, которые, следуя за молодым гувернёром-щёголем, переходили с противоположного тротуара к нашему дому.

Ивины приходились нам родственниками и были почти одних с нами лет; вскоре после приезда нашего в Москву мы познакомились и сошлись с ними.

Второй Ивин — Серёжа — был смуглый, курчавый мальчик, со вздёрнутым твёрдым носиком, очень свежими, красными губами, которые редко совершенно закрывали немного выдавшийся верхний ряд белых зубов, тёмно-голубыми прекрасными глазами и необыкновенно бойким выражением лица. Он никогда не улыбался, но или смотрел совершенно серьёзно, или от души смеялся своим звонким, отчётливым и чрезвычайно увлекательным смехом. Его оригинальная красота поразила меня с первого взгляда. Я почувствовал к нему непреодолимое влечение. Видеть его было достаточно для моего счастия; и одно время все силы души моей были сосредоточены в этом желании: когда мне случалось провести дня три или четыре, не видав его, я начинал скучать, и мне становилось грустно до слёз. Все мечты мои, во сне и наяву, были о нём: ложась спать, я желал, чтобы

* Совершенно порядочный человек (*франц.*).

он мне приснился; закрывая глаза, я видел его перед собою и лелеял этот призрак, как лучшее наслаждение. Никому в мире я не решился бы поверить этого чувства, так много я дорожил им. Может быть, потому, что ему надоедало чувствовать беспрестанно устремлёнными на него мои беспокойные глаза, или просто, не чувствуя ко мне никакой симпатии, он заметно больше любил играть и говорить с Володей, чем со мною; но я всё-таки был доволен, ничего не желал, ничего не требовал и всем готов был для него пожертвовать. Кроме страстного влечения, которое он внушал мне, присутствие его возбуждало во мне в не менее сильной степени другое чувство — страх огорчить его, оскорбить чём-нибудь, не понравиться ему: может быть, потому, что лицо его имело надменное выражение, или потому, что, презирая свою наружность, я слишком много ценил в других преимущества красоты, или, что вернее всего, потому, что это есть непременный признак любви, я чувствовал к нему столько же страху, сколько и любви. В первый раз, как Серёжа заговорил со мной, я до того растерялся от такого неожиданного счастия, что побледнел, покраснел и ничего не мог отвечать ему. У него была дурная привычка, когда он задумывался, останавливать глаза на одной точке и беспрестанно мигать, подёргивая при этом носом и бровями. Все находили, что эта привычка очень портит его, но я находил её до того милою, что невольно привык делать то же самое, и чрез несколько дней после моего с ним знакомства бабушка спросила: не болят ли у меня глаза, что я ими хлопаю, как филин. Между нами никогда не было сказано ни слова о любви; но он чувствовал свою власть надо мною и бессознательно, но тиранически употреблял её в наших детских отношениях; я же, как ни желал высказать ему всё, что было у меня на душе, слишком боялся его, чтобы решиться на откровенность; старался казаться равнодушным и безропотно подчинялся ему. Иногда влияние его казалось мне тяжёлым, несносным; но выйти из-под него было не в моей власти.

Мне грустно вспомнить об этом свежем, прекрасном чувстве бескорыстной и беспредельной любви, которое так и умерло, не излившись и не найдя сочувствия.

Странно, отчего, когда я был ребёнком, я старался быть

похо́жим на большо́го, а с тех пор, как переста́л быть им, ча́сто
жела́л быть похо́жим на него́. Ско́лько раз э́то жела́ние — не
быть похо́жим на ма́ленького, в мои́х отноше́ниях с Серёжей,
остана́вливало чу́вство, гото́вое изли́ться, и заставля́ло лице-
ме́рить. Я не то́лько не смел поцелова́ть его́, чего́ мне иногда́   5
о́чень хоте́лось, взять его́ за́ руку, сказа́ть, как я рад его́ видеть, но не смел да́же называ́ть его́ Серёжа, а непреме́нно Сер-
ге́й: так уж бы́ло заведено́ у нас. Ка́ждое выраже́ние чувстви́-
тельности дока́зывало ребя́чество и то, что тот, кто позволя́л
себе́ его́, был ещё *мальчи́шка*. Не пройдя́ ещё че́рез те го́рькие   10
испыта́ния, кото́рые дово́дят взро́слых до осторо́жности и хо́-
лодности в отноше́ниях, мы лиша́ли себя́ чи́стых наслажде́ний
не́жной де́тской привя́занности по одному́ то́лько стра́нному
жела́нию подража́ть *больши́м*.

Ещё в лаке́йской встре́тил я Иви́ных, поздоро́вался с ни́ми   15
и о́прометью пусти́лся к ба́бушке: я объяви́л ей о том, что при-
е́хали Иви́ны, с таки́м выраже́нием, как бу́дто э́то изве́стие
должно́ бы́ло вполне́ осчастли́вить её. Пото́м, не спуска́я глаз
с Серёжи, я после́довал за ним в гости́ную и следи́л за все́ми
его́ движе́ниями. В то вре́мя как ба́бушка сказа́ла, что он   20
о́чень вы́рос, и устреми́ла на него́ свой проница́тельные гла-
за́, я испы́тывал то чу́вство стра́ха и наде́жды, кото́рое до́л-
жен испы́тывать худо́жник, ожида́я пригово́ра над свои́м
произведе́нием от уважа́емого судьи́.

Молодо́й гуверне́р Иви́ных, Herr Frost*, с позволе́ния ба́-   25
бушки, сошёл с на́ми в палиса́дник, сел на зелёную скамью́,
живопи́сно сложи́л но́ги, поста́вил ме́жду ни́ми па́лку с бро́н-
зовым набалда́шником и с ви́дом челове́ка, о́чень дово́льного
свои́ми посту́пками, закури́л сига́ру.

Herr Frost был не́мец, но не́мец соверше́нно не того́ покро́я,   30
как наш до́брый Карл Ива́ныч: во-пе́рвых, он пра́вильно гово-
ри́л по-ру́сски, с дурны́м вы́говором — по-францу́зски и по́льзо-
вался вообще́, в осо́бенности ме́жду да́мами, репута́цией о́чень
учёного челове́ка; во-вторы́х, он носи́л ры́жие усы́, большу́ю ру-
би́новую була́вку в чёрном атла́сном ша́рфе, концы́ кото́рого
бы́ли просу́нуты под по́мочи, и све́тло-голубы́е пантало́ны с
отли́вом и со штри́пками; в-тре́тьих, он был мо́лод, име́л краси́-

* Господи́н Фрост.

вую, самодово́льную нару́жность и необыкнове́нно ви́дные, мускули́стые но́ги. Заме́тно бы́ло, что он осо́бенно дорожи́л э́тим после́дним преиму́ществом: счита́л его́ де́йствие неотрази́мым в отноше́нии осо́б же́нского по́ла и, должно́ быть, с э́той це́лью стара́лся выставля́ть свои́ но́ги на са́мое ви́дное ме́сто и, сто́я и́ли си́дя на ме́сте, всегда́ приводи́л в движе́ние свои́ и́кры. Это был тип молодо́го ру́сского не́мца, кото́рый хо́чет быть молодцо́м и волоки́той.

В палиса́днике бы́ло о́чень ве́село. Игра́ в разбо́йники шла как нельзя́ лу́чше; но одно́ обстоя́тельство чуть-чу́ть не расстро́ило всего́. Серёжа был разбо́йник: погна́вшись за проезжа́ющими, он споткну́лся и на всём бегу́ уда́рился коле́ном о де́рево, так си́льно, что я ду́мал, он расшибётся вдре́безги. Несмотря́ на то, что я был жанда́рм и моя́ обя́занность состоя́ла в том, чтобы лови́ть его́, я подошёл и с уча́стием стал спра́шивать, бо́льно ли ему́. Серёжа рассерди́лся на меня́: сжал кулаки́, то́пнул ного́й и го́лосом, кото́рый я́сно дока́зывал, что он о́чень бо́льно уши́бся, закрича́л мне:

— Ну, что э́то? по́сле э́того игры́ никако́й нет! Ну, что ж ты меня́ не ло́вишь? что ж ты меня́ не ло́вишь? — повторя́л он не́сколько раз, и́скоса погля́дывая на Воло́дю и ста́ршего Иви́на, кото́рые, представля́я проезжа́ющих, припры́гивая, бежа́ли по доро́жке, и вдруг взви́згнул и с гро́мким сме́хом бро́сился лови́ть их.

Не могу́ переда́ть, как порази́л и плени́л меня́ э́тот геро́йский посту́пок: несмотря́ на стра́шную боль, он не то́лько не запла́кал, но не показа́л и ви́ду, что ему́ бо́льно, и ни на мину́ту не забы́л игры́.

Вско́ре по́сле э́того, когда́ к на́шей компа́нии присоедини́лся ещё Иле́нька Грап и мы до обе́да отпра́вились на верх, Серёжа име́л слу́чай ещё бо́льше плени́ть и порази́ть меня́ свои́м удиви́тельным му́жеством и твёрдостью хара́ктера.

Иле́нька Грап был сын бе́дного иностра́нца, кото́рый когда́-то жил у моего́ де́да, был чем-то ему́ обя́зан и почита́л тепе́рь свои́м непреме́нным до́лгом присыла́ть о́чень ча́сто к нам своего́ сы́на. Если он полага́л, что знако́мство с на́ми мо́жет доста́вить его́ сы́ну каку́ю-нибудь честь и́ли удово́льствие, то он соверше́нно ошиба́лся в э́том отноше́нии, потому́ что мы не то́ль-

64

ко не были дружны с Иленькой, но обращали на него внимание только тогда, когда хотели посмеяться над ним. Иленька
Грап был мальчик лет тринадцати, худой, высокий, бледный,
с птичьей рожицей и добродушно-покорным выражением. Он
был очень бедно одет, но зато всегда напомажен так обильно,   5
что мы уверяли, будто у Грапа в солнечный день помада тает
на голове и течёт под курточку. Когда я теперь вспоминаю
его, я нахожу, что он был очень услужливый, тихий и добрый
мальчик; тогда же он мне казался таким презренным суще-
ством, о котором не стоило ни жалеть, ни даже думать.   10
   Когда игра в разбойники прекратилась, мы пошли на верх,
начали *возиться* и щеголять друг перед другом разными гим-
настическими штуками. Иленька с робкой улыбкой удивления
поглядывал на нас, и когда ему предлагали попробовать то же,
отказывался, говоря, что у него совсем нет силы. Серёжа был   15
удивительно мил; он снял курточку — лицо и глаза его разго-
релись, — он беспрестанно хохотал и затевал новые шалости:
перепрыгивал через три стула, поставленные рядом, через всю
комнату перекатывался колесом, становился кверху ногами на
лексиконы Татищева[79], положенные им в виде пьедестала на   20
середину комнаты, и при этом выделывал ногами такие умори-
тельные штуки, что невозможно было удержаться от смеха.
После этой последней штуки он задумался, помигал глазами и
вдруг с совершенно серьёзным лицом подошёл к Иленьке:
«Попробуйте сделать это; право, это нетрудно». Грап, заметив,   25
что общее внимание обращено на него, покраснел и чуть слыш-
ным голосом уверял, что он никак не может этого сделать.
   — Да что ж в самом деле, отчего он ничего не хочет показать? Что он за девочка... непременно надо, чтобы он стал на
голову!   30
   И Серёжа взял его за руку.
   — Непременно, непременно на голову! — закричали мы
все, обступив Иленьку, который в эту минуту заметно испугал-
ся и побледнел, схватили его за руку и повлекли к лексиконам.
   — Пустите меня, я сам! курточку разорвёте! — кричала не-
счастная жертва. Но эти крики отчаяния ещё более воодушев-
ляли нас; мы помирали со смеху; зелёная курточка трещала
на всех швах.

Володя и старший Ивин нагнули ему голову и поставили её на лексиконы; я и Серёжа схватили бедного мальчика за тоненькие ноги, которыми он махал в разные стороны, засучили ему панталоны до колен и с громким смехом вскинули их кверху; младший Ивин поддерживал равновесие всего туловища.

Случилось так, что после шумного смеха мы вдруг все замолчали, и в комнате стало так тихо, что слышно было только тяжёлое дыхание несчастного Грапа. В эту минуту я не совсем был убеждён, что всё это очень смешно и весело.

— Вот теперь молодец, — сказал Серёжа, хлопнув его рукою.

Иленька молчал и, стараясь вырваться, кидал ногами в разные стороны. Одним из таких отчаянных движений он ударил каблуком по глазу Серёжу так больно, что Серёжа тотчас же оставил его ноги, схватился за глаз, из которого потекли невольные слёзы, и из всех сил толкнул Иленьку. Иленька, не будучи более поддерживаем нами, как что-то безжизненное, грохнулся на землю и от слёз мог только выговорить:

— За что вы меня тираните?

Плачевная фигура бедного Иленьки с заплаканным лицом, взъерошенными волосами и засученными панталонами, из-под которых видны были нечищенные голенища, поразила нас; мы все молчали и старались принуждённо улыбаться.

Первый опомнился Серёжа.

— Вот баба, нюня, — сказал он, слегка трогая его ногою, — с ним шутить нельзя... Ну, полно, вставайте.

— Я вам сказал, что ты негодный мальчишка, — злобно выговорил Иленька и, отвернувшись прочь, громко зарыдал.

— А-а! каблуками бить да ещё браниться! — закричал Серёжа, схватив в руки лексикон и взмахнув над головою несчастного, который и не думал защищаться, а только закрывал руками голову.

— Вот тебе! вот тебе!.. Бросим его, коли он шуток не понимает... Пойдёмте вниз, — сказал Серёжа, неестественно засмеявшись.

Я с участием посмотрел на бедняжку, который, лёжа на полу и спрятав лицо в лексиконах, плакал так, что, казалось, ещё немного, и он умрёт от конвульсий, которые дёргали всё его тело.

— Э, Сергей! — сказа́л я ему́, — заче́м ты э́то сде́лал?

— Вот хорошо́!.. я не запла́кал, наде́юсь, сего́дня, как разби́л себе́ но́гу почти́ до ко́сти.

«Да, э́то пра́вда, — поду́мал я. — Иленька бо́льше ничего́, как пла́кса, а вот Серёжа — так э́то молоде́ц... что э́то за молоде́ц!..» ⁵

Я не сообрази́л того́, что бедня́жка пла́кал, ве́рно, не сто́лько от физи́ческой бо́ли, ско́лько от той мы́сли, что пять ма́льчиков, кото́рые, мо́жет быть, нра́вились ему́, без вся́кой причи́ны, все согласи́лись ненави́деть и гнать его́. ¹⁰

Я реши́тельно не могу́ объясни́ть себе́ жесто́кости своего́ посту́пка. Как я не подошёл к нему́, не защити́л и не уте́шил его́? Куда́ дева́лось чу́вство сострада́ния, заставля́вшее меня́, быва́ло, пла́кать навзры́д при ви́де вы́брошенного из гнезда́ галчо́нка и́ли щенка́, кото́рого несу́т, чтобы ки́нуть за забо́р, ¹⁵ и́ли ку́рицы, кото́рую несёт поварёнок для су́па?

Неуже́ли э́то прекра́сное чу́вство бы́ло заглушено́ во мне любо́вью к Серёже и жела́нием каза́ться перед ним таки́м же молодцо́м, как и он сам? Незави́дные же бы́ли э́ти любо́вь и жела́ние каза́ться молодцо́м! Они́ произвели́ еди́нственные ²⁰ тёмные пя́тна на страни́цах мои́х де́тских воспомина́ний.

Глава́ XX

СОБИРА́ЮТСЯ ГО́СТИ

Су́дя по осо́бенной хлопотли́вости,[80] заме́тной в буфе́те, по я́ркому освеще́нию, придава́вшему како́й-то но́вый, пра́здничный вид всем уже́ мне давно́ знако́мым предме́там в ²⁵ гости́ной и за́ле, и в осо́бенности су́дя по тому́, что неда́ром же присла́л князь Ива́н Ива́ныч свою́ му́зыку, ожида́лось нема́лое коли́чество госте́й к ве́черу.

При шу́ме ка́ждого ми́мо е́хавшего экипа́- ³⁰ жа я подбега́л к окну́, приставля́л ладо́ни к виска́м и стеклу́ и с нетерпели́вым любопы́тством смотре́л на у́лицу. Из мра́ка, кото́рый сперва́ скрыва́л все предме́ты в окне́,

67

показывались понемногу: напротив — давно знакомая лавочка, с фонарём, наискось — большой дом с двумя внизу освещёнными окнами, посредине улицы — какой-нибудь *ванька*[81] с двумя седоками или пустая коляска, шагом возвращающаяся домой; но вот к крыльцу подъехала карета, и я, в полной уверенности, что это Ивины, которые обещались приехать рано, бегу встречать их в переднюю. Вместо Ивиных за ливрейной рукой, отворившей дверь, показались две особы женского пола: одна — большая, в синем салопе с собольим воротником, другая — маленькая, вся закутанная в зелёную шаль, из-под которой виднелись только маленькие ножки в меховых ботинках. Не обращая на моё присутствие в передней никакого внимания, хотя я счёл долгом при появлении этих особ поклониться им, маленькая молча подошла к большой и остановилась перед нею. Большая размотала платок, закрывавший всю голову маленькой, расстегнула на ней салоп, и когда ливрейный лакей получил эти вещи под сохранение и снял с неё меховые ботинки, из закутанной особы вышла чудесная двенадцатилетняя девочка в коротеньком открытом кисейном платьице, белых панталончиках и крошечных чёрных башмачках. На беленькой шейке была чёрная бархатная ленточка; головка вся была в тёмно-русых кудрях, которые спереди так хорошо шли к её прекрасному личику, а сзади — к голым плечикам, что никому, даже самому Карлу Иванычу, я не поверил бы, что они вьются так оттого, что с утра были завёрнуты в кусочки «Московских ведомостей»[82] и что их прижигали горячими железными щипцами. Казалось, она так и родилась с этой курчавой головкой.

Поразительной чертой в её лице была необыкновенная величина выпуклых полузакрытых глаз, которые составляли странный, но приятный контраст с крошечным ротиком. Губки были сложены, а глаза смотрели так серьёзно, что общее выражение её лица было такое, от которого не ожидаешь улыбки и улыбка которого бывает тем обворожительнее.

Стараясь быть незамеченным, я шмыгнул в дверь залы и почёл нужным прохаживаться взад и вперёд, притворившись, что нахожусь в задумчивости и совсем не знаю о том, что приехали гости. Когда гости вышли на половину залы, я как будто

опо́мнился, расша́ркался и объяви́л им, что ба́бушка в гости́-
ной. Г-жа Вала́хина, лицо́ кото́рой мне о́чень понра́вилось, в
осо́бенности потому́, что я нашёл в нём большо́е схо́дство
с лицо́м её до́чери Со́нечки, благоскло́нно кивну́ла мне го-
ловой.   5

Ба́бушка, каза́лось, была́ о́чень ра́да ви́деть Со́нечку: подо-
звала́ её бли́же к себе́, попра́вила на голове́ её одну́ бу́клю, ко-
то́рая спа́дывала на лоб, и, при́стально всма́триваясь в её ли-
цо́, сказа́ла: «Quelle charmante enfant!» * Со́нечка улыбну́лась,
покрасне́ла и сде́лалась так мила́, что я то́же покрасне́л,   10
гля́дя на неё.

— Наде́юсь, ты не бу́дешь скуча́ть у меня́, мой дружо́к, —
сказа́ла ба́бушка, приподня́в её ли́чико за подборо́док, — про-
шу́ же весели́ться и танцева́ть как мо́жно бо́льше. Вот уж и
есть одна́ да́ма и два кавале́ра, — приба́вила она́, обраща́ясь к   15
г-же Вала́хиной и дотра́гиваясь до меня́ руко́ю.

Это сближе́ние бы́ло мне так прия́тно, что заста́вило по-
красне́ть ещё раз.

Чу́вствуя, что засте́нчивость моя́ увели́чивается, и услыха́в
шум ещё подъе́хавшего экипа́жа, я почёл ну́жным удали́ться.   20
В пере́дней нашёл я княги́ню Корнако́ву с сы́ном и невероя́т-
ным коли́чеством дочере́й. До́чери все бы́ли на одно́ лицо́—
похо́жи на княги́ню и ду́рны; поэ́тому ни одна́ не остана́влива-
ла внима́ния. Снима́я сало́пы и хвосты́, они́ все вдруг говори́-
ли то́ненькими голоска́ми, суети́лись и смея́лись чему́-то   25
должно́ быть, тому́, что их бы́ло так мно́го.

Этье́н был ма́льчик лет пятна́дцати, высо́кий, мяси́стый, с
испито́й физионо́мией, впа́лыми, посине́лыми внизу́ глаза́ми и
с огро́мными по лета́м рука́ми и нога́ми; он был неуклю́ж, име́л   30
го́лос неприя́тный и неро́вный, но каза́лся о́чень дово́льным со-
бо́ю и был то́чно таки́м, каки́м мог быть, по мои́м поня́тиям,
ма́льчик, кото́рого секу́т ро́згами.

Мы дово́льно до́лго стоя́ли друг про́тив дру́га и, не го-
воря́ ни сло́ва, внима́тельно всма́тривались; пото́м, пододви́-
нувшись побли́же, ка́жется, хоте́ли поцелова́ться, но, посмо-

---

* Како́й очарова́тельный ребёнок! (франц.).

69

трев ещё в глаза друг другу, почему-то раздумали. Когда платья всех сестёр его прошумели мимо нас, чтобы чём-нибудь начать разговор, я спросил, не тесно ли им было в карете.

— Не знаю, — отвечал он мне небрежно, — я ведь никогда не езжу в карете, потому что, как только я сяду, меня сейчас начинает тошнить, и маменька это знает. Когда мы едем куда-нибудь вечером, я всегда сажусь на козлы — гораздо веселей — всё видно. Филипп даёт мне править, иногда и кнут я беру. Этак проезжающих, знаете, иногда, — прибавил он с вырази-тельным жестом, — прекрасно!

— Ваше сиятельство,[83] — сказал лакей, входя в переднюю, — Филипп спрашивает: куда вы кнут изволили деть?

— Как куда дел? да я ему отдал.

— Он говорит, что не отдавали.

— Ну, так на фонарь повесил.

— Филипп говорит, что и на фонаре нет, а вы скажите лучше, что взяли да потеряли, а Филипп будет из своих дене-жек отвечать за ваше баловство, — продолжал, всё более и более воодушевляясь, раздосадованный лакей.

Лакей, который с виду был человек почтенный и угрюмый, казалось, горячо принимал сторону Филиппа и был намерен во что бы то ни стало разъяснить это дело. По невольному чувству деликатности, как будто ничего не замечая, я отошёл в сторону; но присутствующие лакеи поступили совсем иначе: они подступили ближе, с одобрением посматривая на старого слугу.

— Ну, потерял, так потерял, — сказал Этьен, уклоняясь от дальнейших объяснений, — что стоит ему кнут, так я и запла-чу. Вот уморительно! — прибавил он, подходя ко мне и увлекая меня в гостиную.

— Нет, позвольте, барин, чём-то вы заплатите? знаю я, как вы платите: Марье Васильевне вот уж вы восьмой месяц дву-гривенный всё платите, мне тоже уж, кажется, второй год, Петрушке...

— Замолчишь ли ты! — крикнул молодой князь, побледнев от злости. — Вот я всё это скажу.

— Всё скажу, всё скажу! — проговорил лакей. — Нехоро-

70

шо, ваше сиятельство! — прибавил он особенно выразительно в то время, как мы входили в залу, и пошёл с салопами к ларю.

— Вот так, так! — послышался за нами чей-то одобрительный голос в передней.

Бабушка имела особенный дар, прилагая с известным тоном и в известных случаях множественные и единственные местоимения второго лица, высказывать своё мнение о людях. Хотя она употребляла *вы* и *ты* наоборот общепринятому обычаю, в её устах эти оттенки принимали совсем другое значение. Когда молодой князь подошёл к ней, она сказала ему несколько слов, называя его *вы*, и взглянула на него с выражением такого пренебрежения, что, если бы я был на его месте, я растерялся бы совершенно; но Этьен был, как видно, мальчик не такого *сложения:* он не только не обратил никакого внимания на приём бабушки, но даже и на всю её особу, а раскланялся всему обществу, если не ловко, то совершенно развязно. Сонечка занимала всё моё внимание: я помню, что, когда Володя, Этьен и я разговаривали в зале на таком месте, с которого видна была Сонечка и она могла видеть и слышать нас, я говорил с удовольствием; когда мне случалось сказать, по моим понятиям, смешное или молодецкое словцо, я произносил его громче и оглядывался на дверь в гостиную; когда же мы перешли на другое место, с которого нас нельзя было ни слышать, ни видеть из гостиной, я молчал и не находил больше никакого удовольствия в разговоре.

Гостиная и зала понемногу наполнялись гостями; в числе их, как и всегда бывает на детских вечерах, было несколько больших детей, которые не хотели пропустить случая повеселиться и потанцевать, как будто для того только, чтобы сделать удовольствие хозяйке дома.

Когда приехали Ивины, вместо удовольствия, которое я обыкновенно испытывал при встрече с Серёжей, я почувствовал какую-то странную досаду на него за то, что он увидит Сонечку и покажется ей.

71

— Э! да у вас, видно, будут танцы, — сказал Серёжа, выходя из гостиной и доставая из кармана новую пару лайковых перчаток, — надо перчатки надевать.

5 «Как же быть? а у нас перчаток-то нет, — подумал я, — надо пойти на верх — поискать».

Но хотя я перерыл все комоды, я нашёл только в одном — наши дорожные зелёные 10 рукавицы, а в другом — одну лайковую перчатку, которая никак не могла годиться мне: во-первых, потому, что была чрезвычайно стара и грязна, во-вторых, потому, что была для меня слишком велика, а главное, потому, что на ней недоставало среднего 15 пальца, отрезанного, должно быть, ещё очень давно, Карлом Иванычем для больной руки. Я надел, однако, на руку этот остаток перчатки и пристально рассматривал то место среднего пальца, которое всегда было замарано чернилами.

— Вот если бы здесь была Наталья Савишна: у неё, верно 20 бы, нашлись и перчатки. Вниз идти нельзя в таком виде, потому что если меня спросят, отчего я не танцую, что мне сказать? и здесь оставаться тоже нельзя, потому что меня непременно хватятся. Что мне делать? — говорил я, размахивая руками.

— Что ты здесь делаешь? — сказал вбежавший Володя, — иди ангажируй даму... сейчас начнётся.

25 — Володя, — сказал я ему, показывая руку с двумя просунутыми в грязную перчатку пальцами, голосом, выражавшим положение, близкое к отчаянию, — Володя, ты и не подумал об этом!

— О чём? — сказал он с нетерпением. — А! о перчатках, 30 прибавил он совершенно равнодушно, заметив мою руку, — и точно нет; надо спросить у бабушки... что она скажет? — и, нимало не задумавшись, побежал вниз.

Хладнокровие, с которым он отзывался об обстоятельстве, казавшемся мне столь важным, успокоило меня, и я поспешил

72

в гости́ную, соверше́нно позабы́в об уро́дливой перча́тке, кото́рая была́ наде́та на мое́й ле́вой руке́.

Осторо́жно подойдя́ к кре́слу ба́бушки и слегка́ дотра́гиваясь до её ма́нтии, я шёпотом сказа́л ей:

— Ба́бушка! что нам де́лать? у нас перча́ток нет! ₅

— Что, мой друг?

— У нас перча́ток нет, — повтори́л я, подвига́ясь бли́же и бли́же и положи́в о́бе руки́ на ру́чку кре́сел.

— А э́то что, — сказа́ла она́, вдруг схвати́в меня́ за ле́вую ру́ку. — Voyez, ma chère*, — продолжа́ла она́, обраща́ясь к ₁₀ г-же Вала́хиной, — voyez comme ce jeune homme s'est fait élégant pour danser avec votre fille†.

Ба́бушка кре́пко держа́ла меня́ за́ руку и серьёзно, но вопроси́тельно посма́тривала на прису́тствующих до тех пор, пока́ любопы́тство всех госте́й бы́ло удовлетворено́ и смех сде́- ₁₅ лался о́бщим.

Я был бы о́чень огорчён, е́сли бы Серёжа ви́дел меня́ в то вре́мя, как я, смо́рщившись от стыда́, напра́сно пыта́лся вы́рвать свою́ ру́ку, но перед Со́нечкой, кото́рая до того́ расхохота́лась, что слёзы наверну́лись ей на глаза́ и все кудря́шки рас- ₂₀ пры́гались о́коло её раскрасне́вшегося ли́чика, мне ниско́лько не́ было со́вестно. Я по́нял, что смех её был сли́шком гро́мок и есте́ствен, чтоб быть насме́шливым; напро́тив, то, что мы посмея́лись вме́сте и гля́дя друг на дру́га, как бу́дто сбли́зило меня́ с не́ю. Эпизо́д с перча́ткой, хотя́ и мог ко́нчиться ду́рно, ₂₅ принёс мне ту по́льзу, что поста́вил меня́ на свобо́дную но́гу в кругу́, кото́рый каза́лся мне всегда́ са́мым стра́шным, — в кругу́ гости́ной,⁸⁴ я не чу́вствовал уже́ ни мале́йшей засте́нчивости в за́ле.

Страда́ние люде́й засте́нчивых происхо́дит от неизве́стности ₃₀ о мне́нии, кото́рое о них соста́вили; как то́лько мне́ние э́то я́сно вы́ражено — како́е бы оно́ ни́ было, — страда́ние прекраща́ется.

Что э́то как мила́ была́ Со́нечка Вала́хина, когда́ она́ про́тив меня́ танцева́ла францу́зскую кадри́ль с неуклю́жим моло-

___

* Посмотри́те, моя́ дорога́я (франц.).
† Посмотри́те, каки́м элега́нтным сде́лал себя́ э́тот молодо́й челове́к, что́бы танцева́ть с ва́шей до́черью (франц.).

дым князем! Как мило она улыбалась, когда в chaîne * подавала мне ручку! как мило, в такт прыгали на головке её русые кудри, и как наивно делала она jeté-assemblé * своими крошечными ножками! В пятой фигуре, когда моя дама перебежала от меня на другую сторону и когда я, выжидая такт, приготовлялся делать соло, Сонечка серьёзно сложила губки и стала смотреть в сторону. Но напрасно она за меня боялась: я смело сделал chassé en avant, chassé en arrière, glissade † и, в то время как подходил к ней, игривым движением показал ей перчатку с двумя торчавшими пальцами. Она расхохоталась ужасно и ещё милее засеменила ножками по паркету. Ещё помню я, как, когда мы делали круг и все взялись за руки, она нагнула головку и, не вынимая своей руки из моей, почесала носик о свою перчатку. Всё это как теперь перед моими глазами, и ещё слышится мне кадриль из «Девы Дуная»,[85] под звуки которой всё это происходило.

Наступила и вторая кадриль, которую я танцевал с Сонечкой. Усевшись рядом с нею, я почувствовал чрезвычайную неловкость и решительно не знал, о чём с ней говорить. Когда молчание моё сделалось слишком продолжительно, я стал бояться, чтобы она не приняла меня за дурака, и решился во что бы то ни стало вывести её из такого заблуждения на мой счёт. «Vous êtes une habitante de Moscou? ‡ — сказал я ей и после утвердительного ответа продолжал: — Et moi, je n'ai encore jamais fréquenté la capitale» §, — рассчитывая в особенности на эффект слова «fréquenter» ¶. Я чувствовал, однако, что, хотя это начало было очень блестяще и вполне доказывало моё высокое знание французского языка, продолжать разговор в таком духе я не в состоянии. Ещё не скоро должен был прийти наш черёд танцевать, а молчание возобновилось: я с беспокойством посматривал на неё, желая знать, какое произвёл впечатление, и ожидая от неё помощи. «Где вы нашли такую

* Ш е н, ж е т э-а с с а м б л е́ — фигуры в танце.
† Ш а с с е́-а н-а в а́ н, ш а с с е́-а н-а р ь е р, г л и с с а д — фигуры в танце.
‡ Вы постоянно живёте в Москве? (*франц.*).
§ А я ещё никогда не посещал столицы (*франц.*).
¶ Посещать (*франц.*).

74

уморительную перча́тку?» — спроси́ла она́ меня́ вдруг; и э́тот вопро́с доста́вил мне большо́е удово́льствие и облегче́ние. Я объясни́л, что перча́тка принадлежа́ла Ка́рлу Ива́нычу, распространи́лся, да́же не́сколько ирони́чески, о само́й осо́бе Ка́рла Ива́ныча, о том, како́й он быва́ет смешно́й, когда́ снима́ет кра́сную ша́почку, и о том, как он раз в зелёной беке́ше упа́л с ло́шади — пря́мо в лу́жу, и т. п. Кадри́ль прошла́ незаме́тно. Всё э́то бы́ло о́чень хорошо́; но заче́м я с насме́шкой отзыва́лся о Ка́рле Ива́ныче? Неуже́ли я потеря́л бы до́брое мне́ние Со́нечки, е́сли бы я описа́л ей его́ с те́ми любо́вью и уваже́нием, кото́рые я к нему́ чу́вствовал?

Когда́ кадри́ль ко́нчилась, Со́нечка сказа́ла мне «merci» * с таки́м ми́лым выраже́нием, как бу́дто я действи́тельно заслужи́л её благода́рность. Я был в восто́рге, не по́мнил себя́ от ра́дости и сам не мог узна́ть себя́: отку́да взяли́сь у меня́ сме́лость, уве́ренность и да́же де́рзость? «Нет ве́щи, кото́рая бы могла́ меня́ сконфу́зить! — ду́мал я, беззабо́тно разгу́ливая по за́ле, — я гото́в на всё!»

Серёжа предложи́л мне быть с ним vis-à-vis †. «Хорошо́, — сказа́л я, — хотя́ у меня́ нет да́мы, я найду́». Оки́нув за́лу реши́тельным взгля́дом, я заме́тил, что все да́мы бы́ли взя́ты, исключа́я одно́й большо́й деви́цы, стоя́вшей у две́ри гости́ной. К ней подходи́л высо́кий молодо́й челове́к, как я заключи́л, с це́лью пригласи́ть её; он был от неё в двух шага́х, я же — на противополо́жном конце́ за́лы. В мгнове́ние о́ка, грацио́зно скользя́ по парке́ту, пролете́л я всё разделя́ющее меня́ от неё простра́нство и, ша́ркнув ного́й, твёрдым го́лосом пригласи́л её на контрда́нс. Больша́я деви́ца, покрови́тельственно улыба́ясь, подала́ мне ру́ку, а молодо́й челове́к оста́лся без да́мы.

Я име́л тако́е созна́ние свое́й си́лы, что да́же не обрати́л внима́ния на доса́ду молодо́го челове́ка; но по́сле узна́л, что молодо́й челове́к э́тот спра́шивал, кто тот взъеро́шенный ма́льчик, кото́рый проскочи́л ми́мо его́ и перед но́сом о́тнял да́му.

---

* Благодарю́ (*франц.*).
† В и з а в и́ — напро́тив.

Глава XXII

МАЗУРКА

Молодо́й челове́к, у кото́рого я отби́л да́му, танцева́л мазу́рку в пе́рвой па́ре. Он вскочи́л с своего́ ме́ста, держа́ да́му за́ руку, и вме́сто того́, что́бы де́лать pas de Basques*, кото́рым нас учи́ла Мими́, про́сто побежа́л вперёд; добежа́в до угла́, приостанови́лся, раздви́нул но́ги, сту́кнул каблуко́м, поверну́лся и, припры́гивая, побежа́л да́льше.

Так как да́мы на мазу́рку у меня́ не́ было, я сиде́л за высо́ким кре́слом ба́бушки и наблюда́л.

«Что же он э́то де́лает? — рассужда́л я сам с собо́ю. — Ведь э́то во́все не то, чему́ учи́ла нас Мими́: она́ уверя́ла, что мазу́рку все танцу́ют на цы́почках, пла́вно и кругообра́зно разводя́ нога́ми; а выхо́дит, что танцу́ют совсе́м не так. Вон и Ивины, и Этье́н, и все танцу́ют, а pas de Basques не де́лают; и Воло́дя наш переня́л но́вую мане́ру. Неду́рно!.. А Со́нечка-то кака́я ми́лочка?! вон она́ пошла́...» Мне бы́ло чрезвыча́йно ве́село.

Мазу́рка клони́лась к концу́: не́сколько пожилы́х мужчи́н и дам подходи́ли проща́ться с ба́бушкой и уезжа́ли; лаке́и, избега́я танцу́ющих, осторо́жно проноси́ли прибо́ры в за́дние ко́мнаты; ба́бушка заме́тно уста́ла, говори́ла как бы не́хотя[86] и о́чень протя́жно; музыка́нты в тридца́тый раз лени́во начина́ли тот же моти́в. Больша́я деви́ца, с кото́рой я танцева́л, де́лая фигу́ру, заме́тила меня́ и, преда́тельски улыбну́вшись, — должно́ быть, жела́я тем угоди́ть ба́бушке, — подвела́ ко мне Со́нечку и одну́ из бесчи́сленных княжо́н. «Rose ou hortie?»†[87] — сказа́ла она́ мне.

— А, ты здесь! — сказа́ла, повора́чиваясь в своём кре́сле, ба́бушка. — Иди́ же, мой дружо́к, иди́.

Хотя́ мне в э́ту мину́ту бо́льше хоте́лось спря́таться с голово́й под кре́сло ба́бушки, чем выходи́ть из-за него́, как бы́ло отказа́ться? — я встал, сказа́л «rose» ‡ и ро́бко взгляну́л на Со́-

---

* П а - д е - б а́ с к — стари́нное па мазу́рки (*франц.*).
† Ро́за и́ли крапи́ва? (*франц.*)
‡ Ро́за (*франц.*).

нечку. Не успел я опомниться, как чья-то рука в белой перчатке очутилась в моей, и княжна с приятнейшей улыбкой пустилась вперёд, нисколько не подозревая того, что я решительно не знал, что делать с своими ногами.

Я знал, что pas de Basques неуместны, неприличны и даже могут совершенно осрамить меня; но знакомые звуки мазурки, действуя на мой слух, сообщили известное направление акустическим нервам, которые в свою очередь, передали это движение ногам; и эти последние, совершенно невольно и к удивлению всех зрителей, стали выделывать фатальные круглые и плавные па на цыпочках. Покуда мы шли прямо, дело ещё шло кое-как, но на повороте я заметил, что, если не приму своих мер, непременно уйду вперёд. Во избежание такой неприятности, я приостановился, с намерением сделать то самое *колёнце,*[88] которое так красиво делал молодой человек в первой паре. Но в ту самую минуту, как я раздвинул ноги и хотел уже припрыгнуть, княжна, торопливо обегая вокруг меня, с выражением тупого любопытства и удивления посмотрела на мои ноги. Этот взгляд убил меня. Я до того растерялся, что, вместо того, чтобы танцевать, затопал ногами на месте, самым странным, ни с тактом, ни с чем несообразным образом, и, наконец, совершенно остановился. Все смотрели на меня: кто с удивлением, кто с любопытством, кто с насмешкой, кто с состраданием; одна бабушка смотрела совершенно равнодушно.

— Il ne fallait pas danser, si vous ne savez pas! *—сказал сердитый голос папа над моим ухом, и, слегка оттолкнув меня, он взял руку моей дамы, прошёл с ней тур по-старинному, при громком одобрении зрителей, и привёл её на место. Мазурка тотчас же кончилась.

«Господи! за что ты наказываешь меня так ужасно!»

. . . .

Все презирают меня и всегда будут презирать... мне закрыта дорога ко всему: к дружбе, любви, почестям... всё пропало! Зачем Володя делал мне знаки, которые все видели и которые не могли помочь мне? зачем эта противная княжна так посмотрела на мои ноги? зачем Сонечка... она милочка; но зачем она

_____

* Не нужно было танцевать, если не умеешь! (*франц.*)

77

улыба́лась в э́то вре́мя? заче́м папа́ покрасне́л и схвати́л меня́ за́ руку? Неуже́ли да́же ему́ бы́ло сты́дно за меня́? О, э́то ужа́сно! Вот будь тут мама́ша,[89] она́ не покрасне́ла бы за своего́ Ни́коленьку... И моё воображе́ние унесло́сь далеко́ за э́тим ми́лым о́бразом. Я вспо́мнил луг перед до́мом, высо́кие ли́пы са́да, чи́стый пруд, над кото́рым вью́тся ла́сточки, си́нее не́бо, на кото́ром останови́лись бе́лые прозра́чные ту́чи, паху́чие ко́пны све́жего се́на, и ещё мно́го споко́йных ра́дужных воспомина́ний носи́лось в моём расстро́енном воображе́нии.

За у́жином молодо́й челове́к, танцева́вший в пе́рвой па́ре, сел за наш, де́тский, стол и обраща́л на меня́ осо́бое внима́ние, что нема́ло польсти́ло бы моему́ самолю́бию, е́сли бы я мог, по́сле случи́вшегося со мной несча́стия, чу́вствовать что́-нибудь. Но молодо́й челове́к, как ка́жется, хоте́л во что бы то ни ста́ло развесели́ть меня́: он заи́грывал со мной, называ́л меня́ молодцо́м и, как то́лько никто́ из больши́х не смотре́л на нас, подлива́л мне в рю́мку вина́ из ра́зных буты́лок и непреме́нно заставля́л выпива́ть. К концу́ у́жина, когда́ дворе́цкий нали́л мне то́лько че́тверть бока́льчика шампа́нского из завёрнутой в салфе́тку буты́лки и когда́ молодо́й челове́к настоя́л на том, что́бы он нали́л мне по́лный, и заста́вил меня́ его́ вы́пить за́лпом, я почу́вствовал прия́тную теплоту́ по всему́ те́лу, осо́бенную прия́знь к моему́ весёлому покрови́телю и чему́-то о́чень расхохота́лся.

Вдруг разда́лись из за́лы зву́ки гросфа́тера,[90] и ста́ли встава́ть из-за стола́. Дру́жба на́ша с молоды́м челове́ком то́тчас же и ко́нчилась: он ушёл к больши́м, а я, не сме́я сле́довать за ним, подошёл, с любопы́тством, прислу́шиваться к тому́, что говори́ла Вала́хина с до́черью.

— Ещё полча́сика, — убеди́тельно говори́ла Со́нечка.

78

— Право, нельзя, мой ангел.

— Ну для меня, пожалуйста, — говорила она, ласкаясь.

— Ну разве тебе весело будет, если я завтра буду больна? — сказала г-жа Валахина и имела неосторожность улыбнуться.

— А, позволила! останемся? — заговорила Сонечка, прыгая от радости.

— Что с тобой делать? Иди же, танцуй... вот тебе и кавалер,[91] — сказала она, указывая на меня.

Сонечка подала мне руку, и мы побежали в залу.

Выпитое вино, присутствие и весёлость Сонечки заставили меня совершенно забыть несчастное приключение мазурки. Я выделывал ногами самые забавные штуки: то, подражая лошади, бежал маленькой рысцой, гордо поднимая ноги, то топотал ими на месте, как баран, который сердится на собаку, при этом хохотал от души и нисколько не заботился о том, какое впечатление произвожу на зрителей. Сонечка тоже не переставала смеяться: она смеялась тому, что мы кружились, взявшись рука за руку, хохотала, глядя на какого-то старого барина, который, медленно поднимая ноги, перешагнул через платок, показывая вид, что ему было очень трудно это сделать, и помирала со смеху, когда я вспрыгивал чуть не до потолка, чтобы показать свою ловкость.

Проходя через бабушкин кабинет, я взглянул на себя в зеркало: лицо было в поту, волосы растрёпаны, вихры торчали больше чем когда-нибудь; но общее выражение лица было такое весёлое, доброе и здоровое, что я сам себе понравился.

«Если бы я был всегда такой, как теперь, — подумал я, — я бы ещё мог понравиться».

Но когда я опять взглянул на прекрасное личико моей дамы, в нём было, кроме того выражения весёлости, здоровья и беззаботности, которое понравилось мне в моём, столько изящной и нежной красоты, что мне сделалось досадно на самого себя, я понял, как глупо *мне* надеяться обратить на себя внимание такого чудесного создания.

Я не мог надеяться на взаимность, да и не думал о ней: душа моя и без того была преисполнена счастием. Я не понимал, что за чувство любви, наполнявшее мою душу отрадой, можно

79

было бы требовать ещё бо́льшего сча́стия и жела́ть чего́-нибудь, кро́ме того́, чтобы чу́вство э́то никогда́ не прекраща́лось. Мне и так бы́ло хорошо́. Се́рдце би́лось, как го́лубь, кровь беспреста́нно прилива́ла к нему́, и хоте́лось пла́кать.

Когда́ мы проходи́ли по коридо́ру, ми́мо тёмного чула́на под ле́стницей, я взгляну́л на него́ и поду́мал: «Что бы э́то бы́ло за сча́стие, е́сли бы мо́жно бы́ло весь век прожи́ть с ней в э́том тёмном чула́не! и чтобы никто́ не знал, что мы там живём».

— Не пра́вда ли, что ны́нче о́чень ве́село? — сказа́л я ти́хим, дрожа́щим го́лосом и приба́вил ша́гу, испуга́вшись не сто́лько того́, что сказа́л, ско́лько того́, что наме́рен был сказа́ть.

— Да... о́чень! — отвеча́ла она́, обрати́в ко мне голо́вку, с таки́м открове́нно-до́брым выраже́нием, что я переста́л боя́ться.

— Осо́бенно по́сле у́жина... Но е́сли бы вы зна́ли, как мне жа́лко (я хоте́л сказа́ть гру́стно, но не посме́л), что вы ско́ро уе́дете и мы бо́льше не уви́димся.

— Отчего́ же не уви́димся? — сказа́ла она́, при́стально всма́триваясь в ко́нчики свои́х башмачко́в и проводя́ па́льчиком по решётчатым ши́рмам, ми́мо кото́рых мы проходи́ли, — ка́ждый вто́рник и пя́тницу мы с мама́шей е́здим на Тверско́й.[92] Вы ра́зве не хо́дите гуля́ть?

— Непреме́нно бу́дем проси́ться во вто́рник, и е́сли меня́ не пу́стят, я оди́н убегу́ — без ша́пки. Я доро́гу зна́ю.

— Зна́ете что? — сказа́ла вдруг Со́нечка, — я с одни́ми ма́льчиками, кото́рые к нам е́здят, всегда́ говорю́ ты; дава́йте и с ва́ми говори́ть ты. Хо́чешь? — приба́вила она́, встряхну́в голо́вкой и взгляну́в мне пря́мо в глаза́.

В э́то вре́мя мы входи́ли в за́лу, и начина́лась друга́я, жива́я часть гросфа́тера.

— Дава́й... те, — сказа́л я в то вре́мя, когда́ му́зыка и шум могли́ заглуши́ть мои́ слова́.

— Дава́й ты, а не дава́йте, — попра́вила Со́нечка и засмея́лась.

Гросфа́тер ко́нчился, а я не успе́л сказа́ть ни одно́й фра́зы с ты, хотя́ не перестава́л приду́мывать таки́е, в кото́рых местоиме́ние э́то повторя́лось бы не́сколько раз. У меня́ недостава́ло на э́то сме́лости. «Хо́чешь?», «дава́й ты» звуча́ло в мои́х уша́х и производи́ло како́е-то опьяне́ние: я ничего́ и никого́ не вида́л,

80

кроме Сонечки. Видел я, как подобрали её локоны, заложили их за уши и открыли части лба и висков, которых я не видал ещё; видел я, как укутали её в зелёную шаль, так плотно, что виднелся только кончик её носика; заметил, что, если бы она не сделала своими розовенькими пальчиками маленького отверстия около рта, то непременно бы задохнулась, и видел, как она, спускаясь с лестницы за своею матерью, быстро повернулась к нам, кивнула головкой и исчезла за дверью. 5

Володя, Ивины, молодой князь, я, мы все были влюблены в Сонечку и, стоя на лестнице, провожали её глазами. Кому в 10 особенности кивнула она головкой, я не знаю, но в ту минуту я твёрдо был убеждён, что это сделано было для меня.

Прощаясь с Ивиными, я очень свободно, даже несколько холодно поговорил с Серёжей и пожал ему руку. Если он понял, что с нынешнего дня потерял мою любовь и свою власть 15 надо мною, он, верно, пожалел об этом, хотя и старался казаться совершенно равнодушным.

Я в первый раз в жизни изменил в любви и в первый раз испытал сладость этого чувства. Мне было отрадно переменить изношенное чувство привычной преданности на свежее чувство 20 любви, исполненной таинственности и неизвестности. Сверх того, в одно и то же время разлюбить и полюбить — значит полюбить вдвое сильнее, чем прежде.

Глава XXIV

В ПОСТЕЛИ

 «Как мог я так страстно и так долго любить Серёжу? — рассуж- 25 дал я, лёжа в постели. — Нет! он никогда не понимал, не умел ценить и не стоил моей любви... а Сонечка? что это за прелесть! «Хочешь?», «тебе начинать». 30

Я вскочил на четвереньки, живо представляя себе её личико, закрыл голову одеялом, подвернул его под себя со всех сторон и, когда нигде не осталось отверстий, улёгся и, ощущая

81

приятную теплоту, погрузился в сладкие мечты и воспоминания. Устремив неподвижные взоры в подкладку стёганого одеяла, я видел её так же ясно, как час тому назад; я мысленно разговаривал с нею, и разговор этот, хотя не имел ровно никакого
5 смысла, доставлял мне неописанное наслаждение, потому что *ты, тебе, с тобой, твой* встречались в нём беспрестанно.

Мечты эти были так ясны, что я не мог заснуть от сладостного волнения и мне хотелось поделиться с кем-нибудь избытком своего счастия.

10 — Милочка! — сказал я почти вслух, круто поворачиваясь на другой бок. — Володя! ты спишь?

— Нет, — отвечал он мне сонным голосом, — а что?

— Я влюблён, Володя! решительно влюблён в Сонечку.

— Ну так что ж? — отвечал он мне, потягиваясь.

15 —Ах, Володя! ты не можешь себе представить, что со мной делается... вот я сейчас лежал, увернувшись под одеялом, и так ясно, так ясно видел её, разговаривал с ней, что это просто удивительно. И ещё знаешь ли что? когда я лежу и думаю о ней, бог знает отчего делается грустно и ужасно
20 хочется плакать.

Володя пошевелился.

— Только одного я бы желал, — продолжал я, — это — чтобы всегда с ней быть, всегда её видеть, и больше ничего. А ты влюблён? признайся по правде, Володя.

25 Странно, что мне хотелось, чтобы все были влюблены в Сонечку и чтобы все рассказывали это.

— Тебе какое дело? — сказал Володя, поворачиваясь ко мне лицом, — может быть.

— Ты не хочешь спать, ты притворялся! — закричал я, за-
30 метив по его блестящим глазам, что он нисколько не думал о сне, и откинул одеяло. — Давай лучше толковать о ней. Не правда ли, что прелесть?.. такая прелесть, что, скажи она мне: «Николаша! выпрыгни в окно, или бросься в огонь», ну, вот, клянусь! — сказал я, — сейчас прыгну, и с радостью. Ах, какая прелесть! — прибавил я, живо воображая её перед собою, и, чтобы вполне наслаждаться этим образом, порывисто перевернулся на другой бок и засунул голову под подушки. — Ужасно хочется плакать, Володя.

— Вот дура́к! — сказа́л он, улыба́ясь, и пото́м, помолча́в немно́го: — Я так совсе́м не так, как ты: я ду́маю, что, е́сли бы мо́жно бы́ло, я снача́ла хоте́л бы сиде́ть с ней ря́дом и разгова́ривать...

— А! так ты то́же влюблён? — переби́л я его.

— Пото́м, — продолжа́л Воло́дя, не́жно улыба́ясь, — пото́м расцелова́л бы её па́льчики, гла́зки, гу́бки, но́сик, но́жки — всю бы расцелова́л...

— Глу́пости! — закрича́л я из-под поду́шек.

— Ты ничего́ не понима́ешь, — презри́тельно сказа́л Воло́дя.

— Нет, я понима́ю, а вот ты не понима́ешь и говори́шь глу́пости, — сказа́л я сквозь слёзы.

— То́лько пла́кать-то уж не́зачем. Настоя́щая де́вочка!

Глава́ XXV
ПИСЬМО

Шестна́дцатого апре́ля, почти́ шесть ме́сяцев по́сле опи́санного мно́ю дня, оте́ц вошёл к нам на верх, во вре́мя кла́ссов, и объяви́л, что ны́нче в ночь мы е́дем с ним в дере́вню.

Что́-то защеми́ло у меня́ в се́рдце при э́том изве́стии, и мысль моя́ то́тчас же обрати́лась к ма́тушке.

Причи́ною тако́го неожи́данного отъе́зда бы́ло сле́дующее письмо́:

Петро́вское, 12 апре́ля.

«Сейча́с то́лько, в де́сять часо́в ве́чера, получи́ла я твоё до́брое письмо́, от 3 апре́ля, и, по мое́й всегда́шней привы́чке, отвеча́ю то́тчас же. Фёдор привёз его́ ещё вчера́ из го́рода, но так как бы́ло по́здно, он по́дал его́ Мими́ ны́нче у́тром. Мими́ же, под предло́гом, что я была́ нездоро́ва и расстро́ена, не дава́ла мне его́ це́лый день. У меня́ то́чно был ма́ленький жар, и, призна́ться тебе́ по пра́вде, вот уж четвёртый день, что я не та́к-то здоро́ва и не встаю́ с посте́ли.

Пожáлуйста, не пугáйся, мúлый друг: я чýвствую себя довóльно хорошó и, éсли Ивáн Васúльевич позвóлит, зáвтра дýмаю встать.

В пятницу на прóшлой недéле я поéхала с детьмú катáться;
5 но пóдле сáмого вýезда на большýю дорóгу óколо тогó мóстика, котóрый всегдá наводúл на меня ýжас, лóшади завязли в грязú. День был прекрáсный, и мне вздýмалось пройтúсь пешкóм до большóй дорóги, покýда вытáскивали колясксу. Дойдя до часóвни, я óчень устáла и сéла отдохнýть, а так как, покý-
10 да собирáлись лю́ди, чтоб вытащить экипáж, прошлó óколо получáса, мне стáло хóлодно, осóбенно ногáм, потомý что на мне бýли ботúнки на тóнких подóшвах[93] и я их промочúла. Пóсле обéда я почýвствовала озноб и жар, но, по заведённому порядку, продолжáла ходúть, а пóсле чáю сéла игрáть с Лю́-
15 бочкой в четыре руки. (Ты не узнáешь её: такúе онá сдéлала успéхи!) Но представь себé моё удивлéние, когдá я замéтила, что не могý счесть тáкта. Нéсколько раз я принимáлась считáть, но всё в головé у меня решúтельно пýталось, и я чýвствовала стрáнный шум в ушáх. Я считáла: раз, два, три, по-
20 тóм вдруг: вóсемь, пятнáдцать, и, глáвное, — вúдела, что вру, и никáк не моглá попрáвиться. Наконéц Мимú пришлá мне на пóмощь и почтú насúльно уложúла в постéль. Вот тебé, мой друг, подрóбный отчёт в том, как я занемоглá и как самá в том виновáта. На другóй день у меня был жар довóльно сúль-
25 ный и приéхал наш дóбрый, стáрый Ивáн Васúлич, котóрый до сих пор живёт у нас и обещáется скóро выпустить меня на свет бóжий. Чудéсный старúк э́тот Ивáн Васúльич! Когдá у меня был жар и бред, он цéлую ночь, не смыкáя глаз, просидéл óколо моéй постéли, тепéрь же, так как знáет,
30 что я пишý, сидúт с дéвочками в дивáнной, и мне слышно из спáльни, как им расскáзывает немéцкие скáзки и как онú, слýшая егó, помирáют сó смеху.

La belle Flamande*, как ты называешь её, гостúт у меня ужé вторýю недéлю, потомý что мать её уéхала кудá-то в гóсти, и своúми попечéниями докáзывает сáмую úскреннюю привязанность. Онá поверяет мне все своú сердéчные тáйны. С её

---

* Красáвица фламáндка (франц.).

прекра́сным лицо́м, до́брым се́рдцем и мо́лодостью из неё могла́ бы вы́йти во всех отноше́ниях прекра́сная де́вушка, е́сли б она́ была́ в хоро́ших рука́х; но в том о́бществе, в кото́ром она́ живёт, су́дя по её расска́зам, она́ соверше́нно поги́бнет. Мне приходи́ло в го́лову, что е́сли бы у меня́ не́ было так мно́го свои́х дете́й, я бы хоро́шее де́ло сде́лала, взяв её. 5

Лю́бочка сама́ хоте́ла писа́ть тебе́, но изорвала́ уже́ тре́тий лист бума́ги и говори́т: «Я зна́ю, како́й папа́ насме́шник: е́сли сде́лать хоть одну́ оши́бочку, он всем пока́жет». Ка́тенька всё так же мила́, Мими́ так же добра́ и скучна́. 10

Тепе́рь поговори́м о серьёзном: ты мне пи́шешь, что дела́ твои́ иду́т нехорошо́ э́ту зи́му и что тебе́ необходи́мо бу́дет взять хаба́ровские де́ньги. Мне да́же стра́нно, что ты спра́шиваешь на э́то моего́ согла́сия. Ра́зве то, что принадлежи́т мне, не принадлежи́т сто́лько же и тебе́? 15

Ты так добр, ми́лый друг, что из стра́ха огорчи́ть меня́ скрыва́ешь настоя́щее положе́ние свои́х дел; но я дога́дываюсь: ве́рно, ты проигра́л о́чень мно́го, и ниско́лько, божу́сь тебе́, не огорча́юсь э́тим; поэ́тому, е́сли то́лько де́ло э́то мо́жно попра́вить, пожа́луйста, мно́го не ду́май о нём и не мучь себя́ напра́сно. Я привы́кла не то́лько не рассчи́тывать для дете́й на твой вы́игрыш, но, извини́ меня́, да́же и на всё твоё состоя́ние. Меня́ так же ма́ло ра́дует твой вы́игрыш, как огорча́ет про́игрыш; меня́ огорча́ет то́лько твоя́ несча́стная страсть к игре́, кото́рая отнима́ет у меня́ часть твое́й не́жной привя́занности 25 и заставля́ет говори́ть тебе́ таки́е го́рькие и́стины, как тепе́рь, а бо́гу изве́стно, как мне э́то бо́льно! Я не перестаю́ моли́ть его́ об одно́м, что́бы он изба́вил нас... не от бе́дности (что бе́дность?), а от того́ ужа́сного положе́ния, когда́ интере́сы дете́й, кото́рые я должна́ бу́ду защища́ть, приду́т в столкнове́ние с 30 на́шими. До сих пор госпо́дь исполня́л мою́ моли́тву: ты не переходи́л одно́й черты́, по́сле кото́рой мы должны́ бу́дем и́ли же́ртвовать состоя́нием, кото́рое принадлежи́т уже́ не нам, а на́шим де́тям, и́ли... и поду́мать стра́шно, а ужа́сное несча́стие э́то всегда́ угрожа́ет нам. Да, э́то тяжёлый крест, кото́рый посла́л нам обо́им госпо́дь!

Ты пи́шешь мне ещё о де́тях и возвраща́ешься к на́шему давни́шнему спо́ру: про́сишь меня́ согласи́ться на то, что́бы отда́ть их в уче́бное заведе́ние. Ты зна́ешь моё предубежде́ние про́тив тако́го воспита́ния...

Не зна́ю, ми́лый друг, согласи́шься ли ты со мно́ю; но, во вся́ком слу́чае, умоля́ю тебя́, из любви́ ко мне, дать мне обе-⁵ща́ние, что, поку́да я жива́ и по́сле мое́й сме́рти, е́сли бо́гу уго́дно бу́дет разлучи́ть нас, э́того никогда́ не бу́дет.

Ты мне пи́шешь, что тебе́ необходи́мо бу́дет съе́здить в Петербу́рг по на́шим дела́м. Христо́с с тобо́й, мой дружо́к, поезжа́й и возвраща́йся поскоре́е. Нам всем без тебя́ так ¹⁰ ску́чно! Весна́ чу́до как хороша́: балко́нную дверь уж вы́ста-вили, доро́жка к оранжере́е четы́ре дня тому́ наза́д была́ соверше́нно суха́, пе́рсики во всём цвету́, кой-где́ то́лько оста́л-ся снег, ла́сточки прилете́ли, и ны́нче Лю́бочка принесла́ мне пе́рвые весе́нние цветы́. До́ктор говори́т, что дня че́рез три я ¹⁵ бу́ду совсе́м здоро́ва и мне мо́жно бу́дет подыша́ть све́жим во́здухом и погре́ться на апре́льском со́лнышке. Проща́й же, ми́лый друг, не беспоко́йся, пожа́луйста, ни о мое́й боле́зни, ни о своём про́игрыше; конча́й скоре́й дела́ и приезжа́й к нам с детьми́ на це́лое ле́то. Я де́лаю чу́дные пла́ны о том, как мы ²⁰ проведём его́, и недостаёт то́лько тебя́, чтобы им осуще-стви́ться».

Сле́дующая часть письма́ была́ напи́сана по-францу́зски, свя́зным и неро́вным по́черком, на друго́м клочке́ бума́ги. Я перевожу́ его́ сло́во в сло́во: ²⁵ «Не верь тому́, что я писа́ла тебе́ о мое́й боле́зни; никто́ не подозрева́ет, до како́й сте́пени она́ серьёзна. Я одно́ зна́ю, что мне бо́льше не встава́ть с посте́ли. Не теря́й ни одно́й мину́ты, приезжа́й сейча́с же и привози́ дете́й. Мо́жет быть, я успе́ю ещё раз обня́ть тебя́ и благослови́ть их: э́то моё одно́ ³⁰ после́днее жела́ние. Я зна́ю, како́й ужа́сный уда́р наношу́ те-бе́; но всё равно́, ра́но и́ли по́здно, от меня́ и́ли от други́х, ты получи́л бы его́; постара́емся же с твёрдостию и наде́ждою на милосе́рдие бо́жие перенести́ э́то несча́стие. Покори́мся во́ле его́.

Не ду́май, чтобы то, что я пишу́, бы́ло бре́дом больно́го воображе́ния; напро́тив, мы́сли мои́ чрезвыча́йно я́сны в э́ту мину́ту, и я соверше́нно споко́йна. Не утеша́й же себя́ напра́сно наде́ждой, чтобы э́то бы́ли ло́жные, нея́сные предчу́вствия боязливой души. Нет, я чувствую, я знаю — и знаю потому, что богу было угодно открыть мне это, — мне осталось жить очень недолго.

Кончится ли вместе с жизнию моя любовь к тебе и детям? Я поняла, что это невозможно. Я слишком сильно чувствую в эту минуту, чтобы думать, что то чувство, без которого я не могу понять существования, могло бы когда-нибудь уничтожиться. Душа моя не может существовать без любви к вам: а я знаю, что она будет существовать вечно, уже по одному тому, что такое чувство, как моя любовь, не могло бы возникнуть, если бы оно должно было когда-нибудь прекратиться.

Меня не будет с вами; но я твёрдо уверена, что любовь моя никогда не оставит вас, и эта мысль так отрадна для моего сердца, что я спокойно и без страха ожидаю приближающейся смерти.

Я спокойна, и богу известно, что всегда смотрела и смотрю на смерть как на переход к жизни лучшей; но отчего ж слёзы давят меня?.. Зачем лишать детей любимой матери? Зачем наносить тебе такой тяжёлый, неожиданный удар? Зачем *мне* умирать, когда ваша любовь делала для меня жизнь беспредельно счастливою?

Да будет его святая воля.

Я не могу писать больше от слёз. Может быть, я не увижу тебя. Благодарю же тебя, мой бесценный друг, за всё счастие, которым ты окружил меня в этой жизни; я там буду просить бога, чтобы он наградил тебя. Прощай, милый друг; помни, что меня не будет, но любовь моя никогда и нигде не оставит тебя. Прощай, Володя, прощай, мой ангел, прощай, Веньямин — мой Николенька.

Неужели они когда-нибудь забудут меня?!»

В этом письме была вложена французская записочка Мими, следующего содержания:

«Печальные предчувствия, о которых она говорит вам, слишком подтвердились словами доктора. Вчера ночью она велела отправить это письмо тотчас на почту. Думая, что она сказала это в бреду, я ждала до сегодняшнего утра и решилась его распечатать. Только что я распечатала, как Наталья Николаевна спросила меня, что я сделала с письмом, и при-

87

казáла мне сжечь егó, éсли онó не отпрáвлено. Онá всё говори́т о нём и уверя́ет, что онó должнó уби́ть вас. Не отклáдывайте вáшей поéздки, éсли вы хоти́те ви́деть э́того áнгела, покýда ещё он не остáвил нас. Извини́те э́то марáнье. Я не спалá три
5 нóчи. Вы знáете, как я люблю́ её!»

Натáлья Сáвишна, котóрая всю ночь 11 апрéля провелá в спáльне мáтушки, расскáзывала мне, что, написáв пéрвую ·часть письмá, *тата́п* положи́ла егó пóдле себя́ на стóлик и започивáла.

10 — Я самá, — говори́ла Натáлья Сáвишна, — признаю́сь, задремáла на крéсле, и чулóк вы́валился у меня́ из рук. Тóль-ко слы́шу я сквозь сон — часý э́так в пéрвом,[95] — что онá как бýдто разговáривает; я откры́ла глазá, смотрю́: онá, моя́ голý-бушка, сиди́т на постéли, сложи́ла вот э́так рýчки, а слёзы
15 в три ручья́ так и текýт. «Так всё кóнчено?» — тóлько онá и сказáла и закры́ла лицó рукáми. Я вскочи́ла, стáла спрáши-вать: «Что с вáми?»

— Ах, Натáлья Сáвишна, éсли бы вы знáли, когó я сейчáс ви́дела.

20 Скóлько я ни спрáшивала, бóльше онá мне ничегó не сказá-ла, тóлько приказáла подáть стóлик, пописáла ещё чтó-то, при себé приказáла запечáтать письмó[96] и сейчáс же отпрáвить. Пóсле уж всё пошлó хýже да хýже.

Глава́ XXVI

ЧТО ОЖИДАЛО НАС В ДЕРЕВНЕ

Восемнáдцатого апрéля мы выходи́-
25 ли из дорóжной коля́ски у крыльцá петрóвского дóма.[97] Выезжáя из Москвы́, папá был задýмчив, и когдá Волóдя спроси́л у негó: не больнá ли *тата́п?* — он с грýстию посмотрéл на негó и мóлча
30 кивнýл головóй. Во врéмя путешéствия он замéтно успокóился; но по мéре при-
ближéния к дóму лицó егó всё бóлее и бóлее принимáло печáльное выражéние, и когдá, выходя́ из коля́ски, он спроси́л у

88

выбежавшего, запыхавшегося Фоки: «Где Наталья Никола́-
евна?», го́лос его́ был нетвёрд, и в глаза́х бы́ли слёзы. До́б-
рый стари́к Фо́ка, укра́дкой взгляну́в на нас, опусти́л глаза́
и, отворя́я дверь в пере́днюю, отверну́вшись, отвеча́л:
— Шесто́й день уж не изво́лят выходи́ть из спа́льни.

Ми́лка, кото́рая, как я по́сле узна́л, с са́мого того́ дня,
в кото́рый занемогла́ maman, не переста́ва́ла жа́лобно выть,
ве́село бро́силась к отцу́ — пры́гала на него́, взви́згивала, ли-
за́ла его́ ру́ки; но он оттолкну́л её и прошёл в гости́ную, отту́да
в дива́нную, из кото́рой дверь вела́ пря́мо в спа́льню. Чем бли́-
же подходи́л он к э́той ко́мнате, тем бо́лее, по всем телодви-
же́ниям, бы́ло заме́тно его́ беспоко́йство: войдя́ в дива́нную,
он шёл на цы́почках, едва́ переводи́л дыха́ние и перекрести́л-
ся, пре́жде чем реши́лся взя́ться за замо́к затво́ренной две́ри.
В э́то вре́мя из коридо́ра вы́бежала нечёсаная, запла́канная
Мими́. «Ах! Пётр Алекса́ндрыч! — сказа́ла она́ шёпотом, с вы-
раже́нием и́стинного отча́яния, и пото́м, заме́тив, что папа́
повора́чивает ру́чку замка́, она́ приба́вила чуть слы́шно: —
Здесь нельзя́ пройти́ — ход из де́вичьей».

О, как тяжело́ всё э́то де́йствовало на моё настро́енное к
го́рю стра́шным предчу́вствием де́тское воображе́ние!

Мы пошли́ в де́вичью; в коридо́ре попа́лся нам на доро́ге
дурачо́к Аки́м, кото́рый всегда́ забавля́л нас свои́ми грима́-
сами; но в э́ту мину́ту не то́лько он мне не каза́лся смешны́м,
но ничто́ так бо́льно не порази́ло меня́, как вид его́ бессмы́с-
ленно-равноду́шного лица́. В де́вичьей две де́вушки, кото́рые
сиде́ли за како́й-то рабо́той, привста́ли, что́бы поклони́ться
нам, с таки́м печа́льным выраже́нием, что мне сде́лалось
стра́шно. Пройдя́ ещё ко́мнату Мими́, папа́ отвори́л дверь
спа́льни, и мы вошли́. Напра́во от две́ри бы́ли два окна́, заве́-
шенные платка́ми; у одного́ из них сиде́ла Ната́лья Са́-
вишна, с очка́ми на носу́, и вяза́ла чуло́к. Она́ не ста́ла цело-
ва́ть нас, как то обыкнове́нно де́лывала, а то́лько привста́ла,
посмотре́ла на нас че́рез очки́, и слёзы потекли́ у неё гра́дом.
Мне о́чень не понра́вилось, что все при пе́рвом взгля́де на
нас начина́ют пла́кать, тогда́ как пре́жде бы́ли соверше́нно
споко́йны.

Нале́во от две́ри стоя́ли ши́рмы, за ши́рмами — крова́ть.

столик, шкафчик, уставленный лекарствами, и большое кресло, на котором дремал доктор; подле кровати стояла молодая, очень белокурая, замечательной красоты девушка, в белом утреннем капоте, и, немного засучив рукава, прикладывала лёд к голове maman, которую мне не было видно в эту минуту.

Девушка эта была la belle Flamande, про которую писала maman и которая впоследствии играла такую важную роль в жизни всего нашего семейства. Как только мы вошли, она отняла одну руку от головы maman и поправила на груди складки своего капота, потом шёпотом сказала: «В забытьи».

Я был в сильном горе в эту минуту, но невольно замечал все мелочи. В комнате было почти темно, жарко и пахло вместе мятой, одеколоном, ромашкой и гофманскими каплями.[98] Запах этот так поразил меня, что, не только когда я слышу его, но когда лишь вспоминаю о нём, воображение мгновенно переносит меня в эту мрачную, душную комнату и воспроизводит все мельчайшие подробности ужасной минуты.

Глаза maman были открыты, но она ничего не видела... О, никогда не забуду я этого страшного взгляда! В нём выражалось столько страдания!..

Нас увели.

Когда я потом спрашивал у Натальи Савишны о последних минутах матушки, вот что она мне сказала:

— Когда вас увели, она ещё долго металась, моя голубушка, точно вот здесь её давило что-то; потом спустила головку с подушек и задремала, так тихо, спокойно, точно ангел небесный. Только я вышла посмотреть, что питьё не несут,[99]— прихожу, а уж она, моя сердечная, всё вокруг себя раскидала и всё манит к себе вашего папеньку; тот нагнётся к ней, а уж сил, видно, недостаёт сказать, что хотелось: только откроет губки и опять начнёт охать: «Боже мой! Господи! Детей! детей!» Я хотела было за вами бежать, да Иван Васильич остановил, говорит: «Это хуже встревожит её, лучше не надо». После уж только поднимет ручку и опять опустит. И что она этим хотела, бог её знает. Я так думаю, что это она вас заочно благословляла; да, видно, не привёл её господь (перед последним концо́м) взгляну́ть на свои́х де́точек. Пото́м она́ приподняла́сь, моя́ голу́бушка, сде́лала вот так ру́чки и вдруг заговори́ла, да таки́м го́лосом, что я и вспо́мнить не могу́: «Ма́терь бо́жия, не оста́вь их!..» Тут уж боль подступи́ла ей под са́мое се́рдце, по глаза́м ви́дно бы́ло, что ужа́сно му́чилась бедня́жка; упа́ла на поду́шки, ухвати́лась зуба́ми за простыню́; а слёзы-то, мой ба́тюшка, так и теку́т.

— Ну, а пото́м? — спроси́л я.

Ната́лья Са́вишна не могла́ бо́льше говори́ть: она́ отверну́лась и го́рько запла́кала.

Maman сконча́лась в ужа́сных страда́ниях.

Глава́ XXVII

ГОРЕ

На друго́й день, по́здно ве́чером, мне захоте́лось ещё раз взгляну́ть на неё; преодоле́в нево́льное чу́вство стра́ха, я ти́хо отвори́л дверь и на цы́почках вошёл в за́лу.

Посреди́не ко́мнаты, на столе́, стоя́л гроб, вокру́г него́ нагоре́вшие све́чи в высо́ких сере́бряных подсве́чниках; в да́льнем углу́ сиде́л дьячо́к и ти́хим, однообра́зным го́лосом чита́л псалты́рь.

Я останови́лся у две́ри и стал смотре́ть; но глаза́ мои́ бы́ли так запла́каны и не́рвы так расстро́ены, что я ничего́ не мог разобра́ть; всё ка́к-то стра́нно слива́лось вме́сте: свет, парча́, ба́рхат, больши́е подсве́чники, ро́зовая, обши́тая кружева́ми поду́шка, ве́нчик, чёпчик с ле́нтами и ещё что́-то прозра́чное, восково́го цве́та. Я стал на стул, что́бы рассмотре́ть её лицо́; но на том ме́сте, где оно́ находи́лось, мне опя́ть предста́вился тот же бле́дно-желтова́тый прозра́чный предме́т. Я не мог ве́рить, что́бы э́то бы́ло её лицо́. Я стал вгля́дываться в него́ при́стальнее и ма́ло-пома́лу стал узнава́ть в нём знако́мые, ми́лые черты́. Я вздро́гнул от у́жаса, когда́ убеди́лся, что э́то была́ она́; но отчего́ закры́тые глаза́ так впа́ли? отчего́ э́та

91

страшная бледность и на одной щеке черноватое пятно под
прозрачной кожей? отчего выражение всего лица так строго
и холодно? отчего губы так бледны и склад их так прекра-
сен, так величествен и выражает такое неземное спокойствие,
что холодная дрожь пробегает по моей спине и волосам, когда я вглядываюсь в него?..

Я смотрел и чувствовал, что какая-то непонятная, непре-
одолимая сила притягивает мои глаза к этому безжизненному
лицу. Я не спускал с него глаз, а воображение рисовало мне
картины, цветущие жизнью и счастьем. Я забывал, что мёрт-
вое тело, которое лежало передо мною и на которое я бессмысленно смотрел, как на предмет, не имеющий ничего общего с моими воспоминаниями, была *она*. Я воображал её то
в том, то в другом положении: живою, весёлою, улыбающеюся;
потом вдруг меня поражала какая-нибудь черта в бледном
лице, на котором остановились мои глаза: я вспоминал ужас-
ную действительность, содрогался, но не переставал смотреть.
И снова мечты заменяли действительность, и снова сознание
действительности разрушало мечты. Наконец воображение
устало, оно перестало обманывать меня; сознание действительности тоже исчезло, и я совершенно забылся. Не знаю,
сколько времени пробыл я в этом положении, не знаю, в чём
состояло оно: знаю только то, что на время я потерял сознание
своего существования и испытывал какое-то высокое, неизъяс-
нимо-приятное и грустное наслаждение.

Может быть, отлетая к миру лучшему, её прекрасная душа
с грустью оглянулась на тот, в котором она оставляла нас; она
увидела мою печаль, сжалилась над нею и на крыльях любви,
с небесною улыбкою сожаления, спустилась на землю, чтобы
утешить и благословить меня.

Дверь скрипнула, и в комнату вошёл дьячок на смену.
Этот шум разбудил меня, и первая мысль, которая пришла
мне, была та, что, так как я не плачу и стою на стуле в позе,
не имеющей ничего трогательного, дьячок может принять меня
за бесчувственного мальчика, который из жалости или любопытства забрался на стул: я перекрестился, поклонился и заплакал.

Вспоминая теперь свои впечатления, я нахожу, что только

одна́ э́та мину́та самозабве́ния была́ настоя́щим го́рем. Пре́ж-
де и по́сле погребе́ния я не перестава́л пла́кать и был гру́стен,
но мне со́вестно вспо́мнить э́ту грусть, потому́ что к ней все-
гда́ приме́шивалось како́е-нибудь самолюби́вое чу́вство: то
жела́ние показа́ть, что я огорчён бо́льше всех, то забо́ты о   5
де́йствии, кото́рое я произвожу́ на други́х, то бесце́льное лю-
бопы́тство, кото́рое заставля́ло де́лать наблюде́ния над чепцо́м
Мими́ и ли́цами прису́тствующих. Я презира́л себя́ за то, что
не испы́тываю исключи́тельно одного́ чу́вства го́рести, и ста-
ра́лся скрыва́ть все други́е; от э́того печа́ль моя́ была́ не-   10
и́скренна и неесте́ственна. Сверх того́, я испы́тывал како́е-то
наслажде́ние, зна́я, что я несча́стлив, стара́лся возбужда́ть со-
зна́ние несча́стия, и э́то эгоисти́ческое чу́вство бо́льше други́х
заглуша́ло во мне и́стинную печа́ль.

Проспа́в э́ту ночь кре́пко и споко́йно, как всегда́ быва́ет   15
по́сле си́льного огорче́ния, я просну́лся с вы́сохнувшими сле-
за́ми и успоко́ившимися не́рвами. В де́сять часо́в нас позва́ли
к панихи́де, кото́рую служи́ли перед вы́носом. Ко́мната была́
напо́лнена дворо́выми и крестья́нами, кото́рые, все в слеза́х,
пришли́ прости́ться с свое́й ба́рыней. Во вре́мя слу́жбы я при-   20
ли́чно пла́кал, крести́лся и кла́нялся в зе́млю, но не моли́лся
в душе́ и был дово́льно хладнокро́вен; забо́тился о том, что
но́вый полуфра́чек, кото́рый на меня́ наде́ли, о́чень жал мне
под мы́шками, ду́мал о том, как бы не запа́чкать сли́шком пан-
тало́н на коле́нях, и укра́дкою де́лал наблюде́ния над все́ми   25
прису́тствовавшими. Оте́ц стоя́л у изголо́вья гро́ба, был бле́ден,
как плато́к, и с заме́тным трудо́м уде́рживал слёзы. Его́ высо́-
кая фигу́ра в чёрном фра́ке, бле́дное вырази́тельное лицо́ и,
как всегда́, грацио́зные и уве́ренные движе́ния, когда́ он крес-
ти́лся, кла́нялся, достава́я руко́ю зе́млю, брал свечу́ из рук свя- 30
ще́нника и́ли подходи́л ко гро́бу, бы́ли чрезвыча́йно эффе́ктны;
но, не зна́ю почему́, мне не нра́вилось в нём и́менно то, что он
мог каза́ться таки́м эффе́ктным в э́ту мину́ту. Мими́ стоя́ла,
прислони́вшись к стене́, и, каза́лось, едва́ держа́лась на нога́х;
пла́тье на ней бы́ло измя́то и в пуху́, чепе́ц сбит на́ сторону;
опу́хшие глаза́ бы́ли кра́сны, голова́ её трясла́сь; она́ не пере-
става́ла рыда́ть раздира́ющим ду́шу го́лосом и беспреста́нно
закрыва́ла лицо́ платко́м и рука́ми. Мне каза́лось, что она́ э́то

93

делала для того, чтобы, закрыв лицо от зрителей, на минуту отдохнуть от притворных рыданий. Я вспомнил, как накануне она говорила отцу, что смерть maman для неё такой ужасный удар, которого она никак не надеется перенести, что она лишила её всего, что этот ангел (так она называла maman) перед самою смертью не забыл её и изъявил желание обеспечить навсегда будущность её и Катеньки. Она проливала горькие слёзы, рассказывая это, и, может быть, чувство горести её было истинно, но оно не было чисто и исключительно. Любочка, в чёрном платьице, обшитом плерезами, вся мокрая от слёз, опустила головку, изредка взглядывала на гроб, и лицо её выражало при этом только детский страх. Катенька стояла подле матери и, несмотря на её вытянутое личико, была такая же розовенькая, как и всегда. Откровенная натура Володи была откровенна и в горести: он то стоял задумавшись, уставив неподвижные взоры на какой-нибудь предмет, то рот его вдруг начинал кривиться, и он поспешно крестился и кланялся. Все посторонние, бывшие на похоронах, были мне несносны. Утешительные фразы, которые они говорили отцу — что ей там будет лучше, что она была не для этого мира, — возбуждали во мне какую-то досаду.

Какое они имели право говорить и плакать о ней? Некоторые из них, говоря про нас, называли нас *сиротами*. Точно без них не знали, что детей, у которых нет матери, называют этим именем! Им, верно, нравилось, что они первые дают нам его, точно так же, как обыкновенно торопятся только что вышедшую замуж девушку в первый раз назвать madame.

В дальнем углу залы, почти спрятавшись за отворенной дверью буфета, стояла на коленях сгорбленная седая старушка. Соединив руки и подняв глаза к небу, она не плакала, но молилась. Душа её стремилась к богу, она просила его соединить её с тою, кого она любила больше всего на свете, и твёрдо надеялась, что это будет скоро.

«Вот кто истинно любил её!» — подумал я, и мне стало стыдно за самого себя.

Панихида кончилась; лицо покойницы было открыто, и все присутствующие, исключая нас, один за другим стали подходить к гробу и прикладываться.

Одна́ из после́дних подошла́ прости́ться с поко́йницей кака́я-то крестья́нка с хоро́шенькой пятиле́тней де́вочкой на рука́х, кото́рую, бог зна́ет заче́м, она́ принесла́ сюда́. В э́то вре́мя я неча́янно урони́л свой мо́крый плато́к и хоте́л подня́ть его́; но то́лько что я нагну́лся, меня́ порази́л стра́шный пронзи́тель- 5
ный крик, испо́лненный тако́го у́жаса, что, проживи́ я сто лет, я никогда́ его́ не забу́ду, и, когда́ вспо́мню, всегда́ пробежи́т холо́дная дрожь по моему́ те́лу. Я по́днял го́лову — на табуре́-
те, по́дле гро́ба, стоя́ла та же крестья́нка и с трудо́м уде́ржи-
вала в рука́х де́вочку, кото́рая, отма́хиваясь ручо́нками, от- 10
ки́нув наза́д испу́ганное ли́чико и уста́вив вы́пученные глаза́ на лицо́ поко́йной, крича́ла стра́шным, нейстовым го́лосом.
Я вскри́кнул го́лосом, кото́рый, я ду́маю, был ещё ужа́снее того́, кото́рый порази́л меня́, и вы́бежал из ко́мнаты.

Только в э́ту мину́ту я по́нял, отчего́ происходи́л тот си́ль- 15
ный тяжёлый за́пах, кото́рый, сме́шиваясь с за́пахом ла́дана, наполня́л ко́мнату; и мысль, что то лицо́, кото́рое за не́сколько дней бы́ло испо́лнено красоты́ и не́жности, лицо́ той, кото́рую я люби́л бо́льше всего́ на све́те, могло́ возбужда́ть у́жас, как бу́дто в пе́рвый раз откры́ла мне го́рькую и́стину и напо́лнила 20
ду́шу отча́янием.

Глава́ XXVIII
ПОСЛЕДНИЕ ГРУСТНЫЕ ВОСПОМИНАНИЯ

Maman уже́ не́ было, а жизнь на́ша шла всё тем же чередо́м: мы ложи́лись и встава́ли в те же часы́ и в тех же ко́мнатах; у́тренний, вече́рний чай, 25
обе́д, у́жин — всё бы́ло в обыкнове́нное вре́мя; столы́, сту́лья стоя́ли на тех же места́х; ничего́ в до́ме и в на́шем о́бра-
зе жи́зни не перемени́лось; то́лько её не́ было... 30

Мне каза́лось, что по́сле тако́го не-
сча́стия всё должно́ бы бы́ло измени́ть-
ся; наш обыкнове́нный о́браз жи́зни каза́лся мне оскорбле́ни-
ем её па́мяти и сли́шком жи́во напомина́л её отсу́тствие.

95

Накануне погребения, после обеда, мне захотелось спать, и я пошёл в комнату Натальи Савишны, рассчитывая поместиться на её постели, на мягком пуховике, под тёплым стёганым одеялом. Когда я вошёл, Наталья Савишна лежала на
5 своей постели и, должно быть, спала; услыхав шум моих шагов, она приподнялась, откинула шерстяной платок, которым от мух была покрыта её голова, и, поправляя чепец, уселась на край кровати.

Так как ещё прежде довольно часто случалось, что после
10 обеда я приходил спать в её комнату, она догадалась, зачем я пришёл, и сказала мне, приподнимаясь с постели:

— Что? верно, отдохнуть пришли, мой голубчик? ложитесь.

— Что вы, Наталья Савишна? — сказал я, удерживая её за руку, — я совсем не за этим... я так пришёл... да вы и сами
15 устали: лучше ложитесь вы.

— Нет, батюшка, я уж выспалась, — сказала она мне (я знал, что она не спала трое суток). — Да и не до сна теперь, — прибавила она с глубоким вздохом.

Мне хотелось поговорить с Натальей Савишной о нашем
20 несчастии; я знал её искренность и любовь, и потому поплакать с нею было для меня отрадой.

— Наталья Савишна, — сказал я, помолчав немного и усаживаясь на постель, — ожидали ли вы этого?

Старушка посмотрела на меня с недоумением и любопыт-
25 ством, должно быть, не понимая, для чего я спрашиваю у неё это.

— Кто мог ожидать этого? — повторил я.

— Ах, мой батюшка, — сказала она, кинув на меня взгляд самого нежного сострадания, — не то, чтобы ожидать, а я и
30 теперь подумать-то не могу. Ну уж мне, старухе, давно бы пора сложить старые кости на покой; а то вот до чего довелось дожить: старого барина — вашего дедушку, вечная память, князя Николая Михайловича, двух братьев, сестру Аннушку, всех схоронила, и все моложе меня были, мой батюшка, а вот теперь, видно, за грехи мои, и её пришлось пережить. Его святая воля! Он затем и взял её, что она достойна была, а ему добрых и там нужно.

Эта простая мысль отрадно поразила меня, и я ближе придвинулся к Наталье Савишне. Она сложила руки на груди и взглянула кверху; впалые влажные глаза её выражали великую, но спокойную печаль. Она твёрдо надеялась, что бог ненадолго разлучил её с тою, на которой столько лет была сосредоточена вся сила её любви.

— Да, мой батюшка, давно ли, кажется, я её ещё нянчила, пеленала и она меня Нашей называла. Бывало, прибежит ко мне, обхватит ручонками и начнёт целовать и приговаривать:

— Нашик мой, красавчик мой, индюшечка ты моя![101]

А я, бывало, пошучу — говорю:

— Неправда, матушка, вы меня не любите; вот дай только вырастете большие, выдете замуж и Нашу свою забудете. — Она, бывало, задумается. — Нет, — говорит, — я лучше замуж не пойду, если нельзя Нашу с собой взять; я Нашу никогда не покину. — А вот покинула же и не дождалась. И любила же она меня, покойница! Да кого она и не любила, правду сказать! Да, батюшка, вашу маменьку вам забывать нельзя; это не человек был, а ангел небесный. Когда её душа будет в царствии небесном, она и там будет вас любить и там будет на вас радоваться.

— Отчего же вы говорите, Наталья Савишна, когда будет в царствии небесном? — спросил я, — ведь она, я думаю, и теперь уже там.

— Нет, батюшка, — сказала Наталья Савишна, понизив голос и усаживаясь ближе ко мне на постели, — теперь её душа здесь.

И она указывала вверх. Она говорила почти шёпотом и с таким чувством и убеждением, что я невольно поднял глаза кверху, смотрел на карнизы и искал чего-то.

— Прежде чем душа праведника в рай идёт — она ещё сорок мытарств проходит, мой батюшка, сорок дней, и может ещё в своём доме быть...

Долго ещё говорила она в том же роде, и говорила с такою простотою и уверенностью, как будто рассказывала вещи самые обыкновенные, которые сама видала и насчёт которых никому в голову не могло прийти ни малейшего сомнения. Я слушал её, притаив дыхание, и, хотя не понимал хорошенько того, что она говорила, верил ей совершенно.

— Да, ба́тюшка, тепе́рь она́ здесь, смо́трит на нас, слу́шает, мо́жет быть, что мы говори́м, — заключи́ла Ната́лья Са́вишна. И, опусти́в го́лову, замолча́ла. Ей пона́добился плато́к, что́бы отере́ть па́давшие слёзы; она́ вста́ла, взгляну́ла мне
5 пря́мо в лицо́ и сказа́ла дрожа́щим от волне́ния го́лосом:

— На мно́го ступе́ней подви́нул меня́ э́тим к себе́ госпо́дь. Что мне тепе́рь здесь оста́лось? для кого́ мне жить? кого́ люби́ть?

— А нас ра́зве вы не лю́бите? — сказа́л я с упрёком и едва́ уде́рживаясь от слёз.

10 — Бо́гу изве́стно, как я вас люблю́, мои́х голу́бчиков, но уж так люби́ть, как я её люби́ла, никого́ не люби́ла, да и не могу́ люби́ть.

Она́ не могла́ бо́льше говори́ть, отверну́лась от меня́ и гро́мко зарыда́ла.

15 Я не ду́мал уже́ спать; мы мо́лча сиде́ли друг про́тив дру́га и пла́кали.

В ко́мнату вошёл Фо́ка; заме́тив на́ше положе́ние и, должно́ быть, не жела́я трево́жить нас, он, мо́лча и ро́бко погля́дывая, останови́лся у двере́й.

20 — Заче́м ты, Фока́ша?[102] — спроси́ла Ната́лья Са́вишна, утира́ясь платко́м.

— Изю́му полтора́, са́хару четы́ре фу́нта и сарачи́нского пшена́ три фу́нта для кутьи́-с.[103]

— Сейча́с, сейча́с, ба́тюшка, — сказа́ла Ната́лья Са́вишна,
25 торопли́во поню́хала табаку́ и ско́рыми шажка́ми пошла́ к сундуку́. После́дние следы́ печа́ли, произведённой на́шим разгово́ром, исче́зли, когда́ она́ приняла́сь за свою́ обя́занность, кото́рую счита́ла весьма́ ва́жною.

— На что четы́ре фу́нта? — говори́ла она́ ворчли́во, доста-
30 ва́я и отве́шивая са́хар на безме́не, — и три с полови́ною дово́льно бу́дет.

И она́ сняла́ с веско́в не́сколько кусо́чков.

— А э́то на что похо́же, что вчера́ то́лько во́семь фу́нтов пшена́ отпусти́ла, опя́ть спра́шивают: ты как хо́чешь, Фо́ка Деми́дыч, а я пшена́ не отпущу́. Этот Ва́нька рад, что тепе́рь сумато́ха в до́ме: он ду́мает, аво́сь не замётят. Нет, я пота́чки за ба́рское добро́ не дам. Ну ви́данное ли э́то де́ло — во́семь фу́нтов?

— Как же быть-с? он говорит, всё вы́шло.

— Ну, на, возьми́, на! пусть возьмёт!

Меня́ порази́л тогда́ э́тот перехо́д от тро́гательного чу́вства, с кото́рым она́ со мной говори́ла, к ворчли́вости и ме́лочным расчётам. Рассужда́я об э́том впосле́дствии, я по́нял, что, несмотря́ на то, что у неё де́лалось в душе́, у неё достава́ло дово́льно прису́тствия ду́ха, чтобы занима́ться свои́м де́лом, а си́ла привы́чки тяну́ла её к обыкнове́нным заня́тиям. Го́ре так си́льно поде́йствовало на неё, что она́ не находи́ла ну́жным скрыва́ть, что мо́жет занима́ться посторо́нними предме́тами; она́ да́же и не поняла́ бы, как мо́жет прийти́ така́я мысль.

Тщесла́вие есть чу́вство са́мое несообра́зное с и́стинною го́рестью, и вме́сте с тем чу́вство э́то так кре́пко приви́то к нату́ре челове́ка, что о́чень ре́дко да́же са́мое си́льное го́ре изгоня́ет его́. Тщесла́вие в го́рести выража́ется жела́нием каза́ться и́ли огорчённым, и́ли несча́стным, и́ли твёрдым; и э́ти ни́зкие жела́ния, в кото́рых мы не признаёмся, но кото́рые почти́ никогда́ — да́же в са́мой си́льной печа́ли — не оставля́ют нас, лиша́ют её си́лы, досто́инства и и́скренности. Ната́лья же Са́вишна была́ так глубоко́ поражена́ свои́м несча́стием, что в душе́ её не остава́лось ни одного́ жела́ния, и она́ жила́ то́лько по привы́чке.

Вы́дав Фо́ке тре́буемую прови́зию и напо́мнив ему́ о пироге́, кото́рый на́до бы приготовить для угоще́ния при́чта[104], она́ отпусти́ла его́, взяла́ чуло́к и опя́ть се́ла по́дле меня́.

Разгово́р начался́ про то же, и мы ещё раз попла́кали и ещё .раз утёрли слёзы.

Бесе́ды с Ната́льей Са́вишной повторя́лись ка́ждый день; её ти́хие слёзы и споко́йные на́божные ре́чи доставля́ли мне отра́ду и облегче́ние.

Но ско́ро нас разлучи́ли: че́рез три дня по́сле похоро́н мы всем до́мом прие́хали в Москву́, и мне суждено́ бы́ло никогда́ бо́льше не вида́ть её.

Ба́бушка получи́ла ужа́сную весть то́лько с на́шим прие́здом, и го́ресть её была́ необыкнове́нна. Нас не пуска́ли к ней, потому́ что она́ це́лую неде́лю была́ в беспа́мятстве, доктора́ боя́лись за её жизнь, тем бо́лее что она́ не то́лько не хоте́ла принима́ть никако́го лека́рства, но ни с кем не говори́ла, не спала и не принимала никакой пищи. Иногда, сидя одна в комнате, на своём кресле, она вдруг начинала смеяться, потом рыдать без слёз, с ней делались конвульсии, и она кричала неистовым голосом бессмысленные или ужасные слова. Это было первое сильное горе, которое поразило её, и это горе привело её в отчаяние. Ей нужно было обвинять кого-нибудь в своём несчастии, и она говорила страшные слова, грозила кому-то с необыкновенной силой, вскакивала с кресел, скорыми, большими шагами ходила по комнате и потом падала без чувств.

Один раз я вошёл в её комнату: она сидела, по обыкновению, на своём кресле и, казалось, была спокойна; но меня поразил её взгляд. Глаза её были очень открыты, но взор неопределёнен и туп: она смотрела прямо на меня, но, должно быть, не видала. Губы её начали медленно улыбаться, и она заговорила трогательным, нежным голосом: «Поди сюда, мой дружок, подойди, мой ангел». Я думал, что она обращается ко мне, и подошёл ближе, но она смотрела не на меня. «Ах, коли бы ты знала, душа моя, как я мучилась и как теперь рада, что ты приехала...» Я понял, что она воображала видеть maman, и остановился. «А мне сказали, что тебя нет, — продолжала она нахмурившись, — вот вздор! Разве ты можешь умереть прежде меня?» — и она захохотала страшным истерическим хохотом.

Только люди, способные сильно любить, могут испытывать и сильные огорчения; но та же потребность любить служит для них противодействием горести и исцеляет их. От этого моральная природа человека ещё живучее природы физической. Горе никогда не убивает.

Через неделю бабушка могла плакать, и ей стало лучше. Первою мыслию её, когда она пришла в себя, были мы, и любовь её к нам увеличилась. Мы не отходили от её кресла; она тихо плакала, говорила про maman и нежно ласкала нас.

В голову никому не могло прийти, глядя на печаль бабушки, чтобы она преувеличивала её, и выражения этой печали были сильны и трогательны; но, не знаю почему, я больше сочувствовал Наталье Савишне, и до сих пор убеждён, что никто так искренно и чисто не любил и не сожалел о maman, как это простодушное и любящее созданье.

Со смертью матери окончилась для меня счастливая пора детства и началась новая эпоха — эпоха отрочества; но так как воспоминания о Наталье Савишне, которую я больше не видал и которая имела такое сильное и благое влияние на моё направление и развитие чувствительности, принадлежат к первой эпохе, скажу ещё несколько слов о ней и её смерти.

После нашего отъезда, как мне потом рассказывали люди, остававшиеся в деревне, она очень скучала от безделья. Хотя все сундуки были ещё на её руках[105] и она не переставала рыться в них, перекладывать, развешивать, раскладывать, но ей недоставало шуму и суетливости барского, обитаемого господами, деревенского дома, к которым она с детства привыкла. Горе, перемена образа жизни и отсутствие хлопот скоро развили в ней старческую болезнь, к которой она имела склонность. Ровно через год после кончины матушки у неё открылась водяная и она слегла в постель.

Тяжело, я думаю, было Наталье Савишне жить и ещё тяжелее умирать одной, в большом пустом петровском доме, без родных, без друзей. Все в доме любили и уважали Наталью Савишну; но она ни с кем не имела дружбы и гордилась этим. Она полагала, что в её положении — экономки, пользующейся доверенностью своих господ и имеющей на руках столько сундуков со всяким добром, дружба с кем-нибудь непременно повела бы её к лицеприятию и преступной снисходительности; поэтому, или, может быть, потому, что не имела ничего общего с другими слугами, она удалялась всех и говорила, что у неё в доме нет ни кумовьёв, ни сватов и что за барское добро она никому потачки не даст.[106]

Поверяя богу в тёплой молитве свои чувства, она искала и находила утешение; но иногда, в минуты слабости, которым мы все подвержены, когда лучшее утешение для человека доставляют слёзы и участие живого существа, она клала себе на постель свою собачонку моську (которая лизала ей руки, уставив на неё свои жёлтые глаза), говорила с ней и тихо плакала, лаская её. Когда моська начинала жалобно выть, она старалась успокоить её и говорила: «Полно, я и без тебя знаю, что скоро умру».

За месяц до своей смерти она достала из своего сундука

бе́лого коленко́ру, бе́лой кисеи́ и ро́зовых лент; с по́мощью
свое́й де́вушки сши́ла себе́ бе́лое пла́тье, че́пчик и до мале́й-
ших подро́бностей распоряди́лась всем, что ну́жно бы́ло для
её похоро́н. Она́ то́же разобрала́ ба́рские сундуки́ и с вели-
5 ча́йшей отчётливостью, по о́писи, передала́ их прика́зчице; по-
то́м доста́ла два шёлковые пла́тья, стари́нную шаль, пода́рен-
ные ей когда́-то ба́бушкой, де́душкин вое́нный мунди́р, ши́тый
зо́лотом, то́же о́тданный в её по́лную со́бственность. Благода-
ря́ её забо́тливости, шитьё и галуны́ на мунди́ре бы́ли совер-
10 ше́нно свѐжи и сукно́ не тро́нуто мо́лью.

Перед кончи́ной она́ изъяви́ла жела́ние, чтобы одно́ из
э́тих пла́тий — ро́зовое — бы́ло о́тдано Воло́де на хала́т и́ли
бешме́т, друго́е — плю́совое, в кле́тках — мне, для того́ же
употребле́ния; а шаль — Любо́чке. Мунди́р она́ завеща́ла то-
15 му́ из нас, кто пре́жде бу́дет офице́ром. Всё остально́е своё
иму́щество и де́ньги, исключа́я сорока́ рубле́й, кото́рые она́
отложи́ла на погребе́нье и помина́нье, она́ предоста́вила полу-
чи́ть своему́ бра́ту. Брат её, ещё давно́ отпу́щенный на во́лю,[107]
прожива́л в како́й-то да́льней губе́рнии и вёл жизнь са́мую
20 распу́тную; поэ́тому при жи́зни свое́й она́ не име́ла с ним ни-
каки́х сноше́ний.

Когда́ брат Ната́льи Са́вишны яви́лся для получе́ния на-
сле́дства и всего́ иму́щества поко́йной оказа́лось на два́дцать
пять рубле́й ассигна́циями,[108] он не хоте́л ве́рить э́тому и гово-
25 ри́л, что не мо́жет быть, чтобы стару́ха, кото́рая шестьдеся́т
лет жила́ в бога́том до́ме, всё на рука́х име́ла, весь свой век
жила́ ску́по и над вся́кой тря́пкой трясла́сь, чтобы она́ ничего́
не оста́вила. Но э́то действи́тельно бы́ло так.

Ната́лья Са́вишна два ме́сяца страда́ла от свое́й боле́зни
30 и переноси́ла страда́ния с и́стинно христиа́нским терпе́нием:
не ворча́ла, не жа́ловалась, а то́лько, по свое́й привы́чке, бес-
преста́нно помина́ла бо́га. За час перед сме́ртью она́ с ти́хою
ра́достью испове́далась, причасти́лась и собо́ровалась ма́слом.

У всех дома́шних она́ проси́ла проще́нья за оби́ды, кото́-
рые могла́ причини́ть им, и проси́ла духовника́ своего́, отца́
Васи́лья, переда́ть всем нам, что не зна́ет, как благодари́ть
нас за на́ши ми́лости, и про́сит нас прости́ть её, е́сли по глу́-
пости свое́й огорчи́ла кого́-нибудь, «но воро́вкой никогда́ не

была и могу сказать, что барской ниткой не поживилась».
Это было одно качество, которое она ценила в себе.

Надев приготовленный капот и чепчик и облокотившись на подушки, она до самого конца не переставала разговаривать с священником, вспомнила, что ничего не оставила бедным, достала десять рублей и просила его раздать их в приходе; потом перекрестилась, легла и в последний раз вздохнула, с радостной улыбкой, произнося имя божие.

Она оставляла жизнь без сожаления, не боялась смерти и приняла её как благо. Часто это говорят, но как редко действительно бывает! Наталья Савишна могла не бояться смерти, потому что она умирала с непоколебимою верою и исполнив закон евангелия. Вся жизнь её была чистая, бескорыстная любовь и самоотвержение.

Что ж! ежели её верования могли бы быть возвышеннее, её жизнь направлена к более высокой цели, разве эта чистая душа от этого меньше достойна любви и удивления?

Она совершила лучшее и величайшее дело в этой жизни — умерла без сожаления и страха.

Её похоронили, по её желанию, недалеко от часовни, которая стоит на могиле матушки. Заросший крапивой и репейником бугорок, под которым она лежит, огорожен чёрною решёткою, и я никогда не забываю из часовни подойти к этой решётке и положить земной поклон.

Иногда я молча останавливаюсь между часовней и чёрной решёткой. В душе моей вдруг пробуждаются тяжёлые воспоминания. Мне приходит мысль: неужели провидение для того только соединило меня с этими двумя существами, чтобы вечно заставить сожалеть о них?..

103

Notes

These notes incorporate material found in B. Faden (ed.), *Detstvo* (Bradda Books, 1975).

1. после дня моего рождения, в который мне минуло десять лет: after my tenth birthday.

2. ангел: here: patron saint.

3. подпоясанном поясом из той же материи: fastened with a belt made of the same material.

4. в мягких козловых сапогах: in soft goatskin boots.

5. в самом приятном расположении духа: in the best of spirits.

6. дядька: manservant placed in charge of young boys.

7. Histoire des voyages: a series of books devoted to geography and ethnography which appeared in Paris 1746-70.

8. Семилетняя война: The Seven Years' War (1756-63) fought between Britain and Prussia on the one hand and France, Austria and Russia on the other.

9. Северная Пчела: the *Northern Bee*, a reactionary literary journal published in Petersburg 1825-64.

10. диалог: dialogue: in Tolstoy's day textbooks contained dialogues which pupils were required to learn by heart.

11. Любочка: dim of **Любовь**.

12. Clementi: Muzio Clementi (1752-1832). Italian composer.

13. выдуманный сон: the dream I had made up.

14. Так точно-с: Just so, sir. **с** is short for **сударь**.

15. Совет за Петровское: Council for the Petrovskoe estate.

16. хабаровских: adj. from **Хабаровка**, the name of an estate.

17. Александрыч: colloquial form of **Александрович**.

18. кинул их на кости: he cast them on to the abacus.

19. Христом-богом божился: swore by Christ the Lord.

20. Судырь: colloquial form of **сударь**. See note 14.

21. баклуши бить: loaf about; twiddle one's thumbs.

22. юродивый: Holy Fool. In Russia, as in other European countries, mentally deranged people were often treated with veneration and credited with prophetic powers.

23. с бледным, изрытым оспою продолговатым лицом: with a long, pale face pitted with pockmarks.

24. образочки: religious images.

25. как назло: as ill luck would have it.

26. Почём же он знает, что я хочу наказывать этого охотника? Ты знаешь, я вообще не большой охотник до этих господ: How does he know that I want to punish that huntsman. You know I'm not over-fond of such gentlemen.

There is a pun here on the word охотник which can mean either *huntsman* or *enthusiast for*.

27. на всём готовом: room and board; all found.

28. папа: the noun is here treated as indeclinable. In modern Russian the genitive singular form is папы.

29. клепер(клеппер): Klepper: a type of pony produced by crossing mares from the Baltic provinces with Eastern horses.

30. эволюции: movements.

31. В кучу!: Back to the pack!

32. кой-где: here and there.

33. поярковая шляпа: hat made of lamb's wool.

34. хода: gait. This word is used exclusively of horses.

35. кой-какие: various.

36. остров: here: a wood or marshland surrounded by fields.

37. второчить смычки: to untie the leashes keeping the hounds in pairs and strap them to the saddle.

38. Ату! ату!: Tally-ho!

39. гончие варили варом: the hounds closed in for the kill, barking in unison.

40. кишмя кишели: swarmed.

41. заатукали: from ату. See note 38.

42. Не быв: not being. Modern Russian would require не будучи.

43. Семенова: N.S. Semenova (1787-1876), a well-known opera singer.

44. второй концерт Фильда: John Field's second piano concerto in A flat major. Field (1782-1837) was an Irishman who spent many years in Russia and died in Moscow.

45. Патетическая соната: Beethoven's *Grande Sonate Pathétique* for piano in C minor, published in 1799.

46. содержание этой записки: The note is riddled with grammatical mistakes, reflecting Karl Ivanych's imperfect grasp of Russian. It also contains two spelling mistakes: коёмочка for каёмочка border, edging and клестир for клейстер paste.

47. на мужской верх: upstairs to the menservants' quarters.

48. Господи Иисусе Христе! Мати пресвятая богородица! Отцу и сыну и святому духу: Lord Jesus Christ! Most Holy Mother of God! To the Father, the Son and the Holy Ghost.

49. караульщик etc. In nineteenth-century Russia watchmen announced their presence by striking an iron plate.

50 Прости мя, господи, научи мя, что творить: Forgive me, O Lord, teach me what to do.

51. дед мой взял её *в верх*: my grandfather promoted her to be a chambermaid.

52. очаковское: from Ochakov (a fortress captured by the Russians from the Turks in 1788).

53. Когда ваш покойный дедушка – царство небесное – под турку ходили: When your late grandfather – may the Kingdom of Heaven be his – went to fight against the Turks.

Note the deferential use of a plural verb with a singular subject.

54. распустил слюни: was foaming at the mouth (with rage).

55. корнет, сделанный из красной бумаги: a twist of red paper.

56. был одет по-дорожному: was dressed for the journey.

57. в чёрной поярковой шляпе черепеником: wearing a black lambs-wool hat in the shape of a chopped-off cone. **Черепеник** is a type of pie dish or the pie made in such a dish.

58. Когда все сели: Russians customarily sit together in silence for a few minutes when leaving a place where they have lived.

59. пожалуйте ручку-с: Let me kiss your hand, please, sir.

60. билетик: ticket. Tutors were given a ticket after each lesson which was subsequently exchanged for payment.

61. ни Дмитриев ни Державин: I.I. Dmitriev (1760-1837) and G.R. Derzhavin (1743-1816). Poets, both somewhat dated by the time Tolstoy is writing about.

62. Помните близко etc. Like his list (see note 46), Karl Ivanych's poem contains much incorrect Russian.

63. решился взять за образец: decided to take as a model.

64. всё лучше карл-иванычевых: it's better than Karl Ivanych's efforts, anyhow.

65. сшиты в обтяжку: close fitting.

66. то на коробочку, то на мастера: now at the little box, now at the master.

67. в прямом отношении времени: in direct proportion to its duration.

68. в обратном отношении: in inverse ratio.

69. Прикажете просить, ваше сиятельство?: Shall I show her in, your ladyship?

70. он стоил, чтобы его высечь: he deserved to be whipped.

71. хотя я вам и дальняя: although I am distantly related to you.

72. любил цитировать места из Расина etc. Jean Racine (1639-99); Pierre Corneille (1606-84); Nicolas Boileau (1636- 1711); Molière (1622-73); Michel de Montaigne (1532-92); François Fénelon (1651-1715).

73. из Сегюра: Louis-Philippe Ségur (1753-1830). French diplomat and historian who served in Russia and wrote an account of his time there.

74. о Гёте etc. Wolfgang Goethe (1749-1832) and Friedrich Schiller (1759-1805), German dramatists. Lord Byron (1788-1824), English poet with a cult following in Europe and Russia in the nineteenth century.

75. он был на такой ноге в городе: his standing in town was such that....

76. когда допускались к партии князя: when they were invited to one of the prince's receptions.

77. Почём знать...может быть, это будет другой Державин: Who knows but that he might be another Derzhavin.

The Prince appears to confuse Derzhavin (see note 61) with the great poet Alexander Pushkin. In 1815 the aged Derzhavin recognised the talent of the fifteen-year-old Pushkin on hearing him read his own poem at his school in Tsarskoe Selo.

78. во время оно: in times gone by.

79. лексиконы Татищева: a multi-volume French-Russian dictionary published by I.I. Tatischchev in 1839.

80. судя по особенной хлопотливости...: judging by the unusual activity....

81. ванька: a nickname given to coachmen in Tolstoy's day.

82. Московские Ведомости: name of a Moscow newspaper published 1756-1917. Until the mid-nineteenth century it was the leading newspaper in Russia.

83. Ваше сиятельство: Your Excellency.

84. поставил меня на свободную ногу...в кругу гостиной: put me at my ease with...the drawing-room circle.

85. Дева Дуная: *The Maid of the Danube* (Das Donauweibchen), opera by the Viennese composer Ferdinand Kauer (1751-1831). First performed in 1798, it remained very popular throughout Central and Eastern Europe for the next fifty years.

86. говорила как бы нехотя: spoke as if she had to make an effort.

87. hortie: more correctly **orite**. The question implies 'Do you want to dance, or not?'

88. коленце: from *колено*. Here: a figure in a dance.

89. вот будь тут мамаша: now if mamma were here.

90. гросфатер: from German *Grossvater* (Grandfather). A slow-moving dance in which the elderly also participated. It was usually the last dance of the evening.

91. вот тебе и кавалер: here is a partner for you.

92. на Тверской: along Tverskaia Street. Known as Gorky Street in Soviet times, this is one of the main streets in Moscow. It has now reverted to its former name.

93. ботинки на тонких подошвах: thin-soled shoes.

94. уже по одному тому, что: if only for the reason that.

95. часу этак в первом: sometime after midnight.

96. при себе заказала запечатать письмо: ordered that the letter be sealed in her presence.

97. у крыльца петровского дома: at the porch of the house in Petrovskoe.

98. и пахло вместа мятой, одеколоном, ромашкой и гофманскими каплями: there was a mingled smell of mint, eau-de-cologne, camomile and Hoffmann's drops.

Hoffmann's drops, named after the German doctor Friedrich Hoffmann (1660-1742) were a general cure-all in nineteenth-century Russia.

99. что питьё не несут: why they were not bringing the drink.

100. венчик: a ribbon with pictures of Jesus, Mary and St. John which is laid on the brow of the corpse.

101. Нашик мой, красавчик мой, индюшечка ты моя: My little Nashik, my darling, my little duck.

индюшечка is derived from *индюк* turkey.

102. Фокаша: diminutive form of *Фока*.

103. и сарачинского пшена три фунта для кутьи-с: and three pounds of rice for the kutya, ma'am.

Сарачинское (more correctly **сарацинское**) пшено, literally *Saracen millet*, is an obsolete term for rice.

Кутья is a dish made of rice, raisins, sugar and nuts and placed on a table in church at an Orthodox service for the dead.

104. для угощения притча: to entertain the clergy.

105. на её руках: in her charge.

106. у неё в доме нет ни кумовьёв, ни сватов и что за барское добро она никому потачки не даст: she had neither friends nor relations at home and that she would connive with no-one when it came to her master's property.

107. ещё давно отпущенный на волю: who had received his freedom a long time before.

108. двадцать пять рублей ассигнациями: twenty-five paper roubles. This was the depreciated currency in use after the Napoleonic wars and later converted at the rate of three and a half to one silver rouble.

Vocabulary

This vocabulary is based on that found in Nina Marks (ed.), *Detstvo* (1961). It does not include words found in Patrick Waddington, *A First Russian Vocabulary* (Bristol Classical Press, 1991) and is not intended as a substitute for a good dictionary. Words are therefore translated solely according to the context in which they occur. The following abbreviations are used:

coll.   colloquial   *obs.*   obsolete
dim.   diminutive   *p.*   perfective
imp.   imperfective

аво́сь coll. perhaps, maybe
  аво́сь не замёрзну no fear of my freezing
акусти́ческий acoustic
ангажи́ровать p. and imp. to engage
а́нгел angel
  день а́нгела name day
ара́пник whip
аргуме́нт argument
армя́к peasant's coat
атла́сный brocade, satin

ба́ба peasant woman, old woman
ба́бочка butterfly
ба́бушкин belonging to grandmother
балко́нный adj. balcony
баловство́ indulgence
ба́ночка dim. pot, jar
ба́нтик bow
бара́н ram
ба́риновый obs. belonging to the master
ба́рский lordly
  ба́рское добро́ master's belongings
ба́рхат velvet
бати́стовый cambric, lawn
ба́тюшка coll. father, here: my dear fellow

башма́к dim. **башмачо́к** shoe
бе́дность f. poverty
бедня́жка dim. poor thing!
безде́лье idleness
безжи́зненный lifeless
беззабо́тность f. lightheartedness
безме́н spring balance
безро́потный uncomplaining
беке́ша fitted overcoat (old fashioned)
белоку́ренький dim. blond, fair
берёзка dim. birch tree
бесе́дочка dim. summer-house
бескоры́стный unselfish
беспа́мятство unconsciousness
беспоко́йный restless
беспоко́йство concern, uneasiness
беспреде́льный boundless
беспреста́нный unceasing, continuous
бессмы́сленный senseless
бессозна́тельно adv. unconsciously
бесце́льный aimless
бесце́нный precious
бесчи́сленный numerous, countless
бесчу́вственность f. callousness, lack of feeling

109

бе́шеный ferocious
бешме́т quilted jacket
би́рка tally-stick
би́серный beaded
бить баклу́ши to waste
one's time
би́ться imp. to beat (heart)
бла́го good
благогове́ние awe, reverence
благода́рность gratitude
благоде́тель m. benefactor
благоде́тельность benefaction
благо́й obs. good
благоразу́мный sensible
благоро́дный noble
благоскло́нно adv. favourably,
benevolently
благослови́ть p/imp
благословля́ть to bless
блесте́ть imp/p
заблесте́ть to sparkle
блестя́щий brilliant, sparkling
бли́зость f. proximity, nearness
блоха́ flea
бобро́вый beaver (adj.)
бога́тство wealth
Богоро́дица the Virgin
Бо́же мой my God!
божи́ться imp/p по- to swear
(in God's name)
бой striking of a clock, battle
бо́йкий lively, smart
бока́л dim. бока́льчик glass
болва́н piece of wood, blockhead
бо́лее more тем бо́лее all
the more
болта́ть imp/p по- to chatter
больши́е grown-ups
борза́я greyhound
бормота́ть imp/p
пробормота́ть to mutter
босоно́гий barefoot
боязли́вый timid
брани́ть imp/p по- to scold,
abuse
бред delirium
бри́чка trap, carriage
бровь f. eyebrow
броса́ть imp/p бро́сить to
throw
бро́ситься p/imp
броса́ться to rush forward
бры́згать imp/p бры́знуть
to spurt, spatter
брыка́ть imp/p брыкну́ть
to kick
брю́чки dim. trousers

бугоро́к dim. hillock
бу́дет coll. that's enough!
буди́ть imp/p разбуди́ть
to waken
бу́дущность future
бу́кли pl. curls
була́вка pin
буфе́тчик butler
быва́ло used to
быва́ть to happen, to be
было́е the past

ва́жничать imp. to give oneself
airs
вали́ться imp/p по- to fall, drop
валя́ться coll. to be scattered
about
Ва́нька here: cabman
вари́ть imp/p свари́ть to boil
василёк cornflower
ва́та wadding, cotton-wool
ва́точная чу́йка wadded
jacket (coat)
ва́точный — ва́тный quilted
вгля́дываться imp/p
вгляде́ться to look closely
вда́ться p/imp вдава́ться (в об-
ма́н) to yield (to deception)
вдре́безги adv. into smithereens
вдыха́ть imp/p вдохну́ть inhale,
breathe
ве́жливость f. politeness
век century, age во ве́ки веко́в
forever
ве́ко eyelid
веле́невый vellum
веле́ть imp/p по- to order,
command
вели́чественный majestic
вели́чие grandeur
величина́ size, magnitude
ве́ра faith
вери́га chain
ве́рить imp/p по- to believe,
trust
ве́рно adv. probably, right
ве́рность f. fidelity
ве́рование pl. ве́рования
religious belief
верста́ (2/3 of a mile)
верстово́й столб milestone
верте́ться imp/p по- to turn,
whirl
верх summit, cover, top (of a
carriage)
ве́рхний upper
верхова́я ло́шадь saddle horse
верхо́м on horseback

весе́лие merriment, mirth
весели́ться to enjoy oneself
весёлость f. gaiety, liveliness
весть f. news
весьма́ highly, greatly
ве́чный eternal, everlasting
ве́чно adv. forever
вещи́ца dim. thing
взад и впере́д to and fro, back
   and forth
взаи́мность f. reciprocity
взви́згнуть p/imp взви́згивать
   to scream, screech
вздёрнутый нос snub-nose
вздор rubbish, nonsense
вздох deep breath, sigh
взду́малось: мне - I had the
   idea
взду́мываться imp/p
   взду́маться to take it into
   one's head
вздыха́ть imp/p
   вздохну́ть to sigh
взмах swing, wave, movement
взмахну́ть p/imp
   взма́хивать to wave, lash out,
   flap
взор gaze, look устремя́ть
   взо́ры на to fix one's eyes
   on
взъеро́шенный tousled
взять p/imp брать to take
   взять верх над to gain the
   upper hand over someone
взя́ться p/imp бра́ться за́ руки
   to join hands, undertake
вид appearance
видать see
видне́ться imp. to be seen
ви́дный fine
визг shriek
ви́нная я́года fig
висо́к temple (of head)
ви́ться imp. to curl, wave
вихо́р tuft of hair
ви́хрем like the wind
вкус taste войти́ во вкус
   to begin to enjoy
вла́жный moist
власть f. power
влезть p/imp влеза́ть to get in,
   to climb in
влече́ние attraction to, inclination
   for
влия́ние influence
вложе́ние enclosure
внаки́дку over one's shoulder

внима́ние attention
внима́тельный attentive
внуша́ть imp/p внуши́ть to
   inspire, inculcate
во́все entirely во́все не not (like
   that) at all
водяна́я obs. dropsy
во́жжи reins
воз cart
возбуди́ть p/imp возбужда́ть
   to arouse, excite, provoke
возврати́ть (ся) p/imp
   возвраща́ть (ся) to return,
   restore
возвыша́ть imp/p
   возвы́сить to raise
возвыше́ние padding, rise
возвы́шенный lofty, elevated
во́здух air на чи́стом во́здухе
   out of doors, in open air
воза́ться imp/p по- to romp
возложи́ть p/imp
   возлага́ть to entrust
возника́ть imp/p возни́кнуть
   to arise
возня́ fuss, bustle
возобнови́ть p/imp
   возобновля́ть to renew,
   recommence
возража́ть p/imp
   возража́ть to object
войти́ p/imp входи́ть to enter
волне́ние agitation
волну́ющий exciting
волоки́та ladies' man
во́льная letter of enfranchisement
   дава́ть кому́-л. во́льную to
   give someone his freedom
вольте́ровское кре́сло
   Voltairian chair
во́ля freedom во́ля ва́ша as you
   please
воображе́ние imagination
воодушевля́ть (ся) imp/p
   воодушеви́ть (ся) to inspire,
   to be inspired
вопроси́тельно questioningly
воро́вка thief
воро́та gates
воротничо́к dim. collar
воро́чать imp. coll. to move,
   shift
вороча́ться imp. coll. to return,
   go back
ворчли́вость f. peevishness
ворчли́вый grumbling

восемьсо́т eight hundred

воск wax

воскреси́ть p/imp
воскреша́ть to revive, resurrect

воспита́ние upbringing, education

воспомина́ние memory, recollection

воспо́льзоваться p/imp
по́льзоваться to make use of

воспроизводи́ть imp/p
воспроизвести́ to reproduce

восстанови́ть p/imp
восстана́вливать to re-establish

восто́рг rapture, enthusiasm

впа́лый sunken, hollow

впери́ть p/imp **вперя́ть** fix
впери́ть взор to fix one's gaze

вполуоборо́т obs. half-turned

впосле́дствии adv. subsequently, later on

впросо́нках coll. adv. (still) half asleep

впро́чем however

впусти́ть p/imp **впуска́ть** to let in

врождённый innate

вручи́ть p/imp **вруча́ть** to present, hand in

вряд ли hardly

вса́дник rider, horseman

всегда́шний everlasting, usual

вска́кивать imp/p
вскочи́ть to jump on (up)

вски́нуть p/imp **вски́дывать** to throw up

вскри́кнуть p/imp
вскри́кивать to scream

вслед за after, following

всма́триваться imp/p
всмотре́ться to observe closely, to take a good look

вспоте́вший perspiring

вспры́гивать imp/p
вспры́гнуть to jump up

вста́вленный inserted

встрево́жить p/imp
трево́жить to alarm

вступа́ть imp/p **вступи́ть** to enter

встряхну́ть p/imp
встря́хивать to shake

всу́нуть p/imp
всо́вывать to shove (in)

всу́чивание (пантало́н в сапоги́) tucking (trousers into boots)

всхли́пывать imp/p
всхли́пнуть to sob

вся́чески adv. by every means

вту́лка bush (of a wheel)

вы́боина pot-hole

вы́браться p/imp **выбира́ться** to manage to get out

вы́бросить p/imp
выбра́сывать to throw away (out)

вы́валиться p/imp
выва́ливаться to fall out

вы́вести p/imp выводи́ть to lead out

- из заблужде́ния to put someone right

вы́года advantage, gain

вы́говор pronunciation, accent

вы́говорить p/imp **выгова́ривать** to pronounce, say

выдава́ться imp/p
вы́даться to protrude, jut out

выдвижно́й sliding

вы́делывать imp/p
вы́делать to perform, make

вы́держать p/imp
выде́рживать to hold out

вы́думка invention

вы́езд exit

вы́ждать imp/p
вы́ждать to wait for

выжля́тник huntsman in charge of dogs

вы́игрыш winnings

вы́йти p/imp **выходи́ть** to go out

выка́зывать imp/p
вы́казать to express, show, display

выли́зывать imp/p **вы́лизать** to lick

вы́молвить/мо́лвить p. to say, utter

вы́нос carrying out

вы́нуть p/imp **вынима́ть** to take out

вы́пуклый bulding

вы́пустить p/imp
выпуска́ть to let out

вы́пученный: вы́пученные глаза́ staring

выража́ть imp/p **вы́разить** to express

выразительный expressive
выʼрасти p/imp расти́ to grow
выʼрвать p/imp вырыва́ть to pull out
вырыва́ться p/imp выʼрваться burst out from, break away
выʼсказать p/imp выска́зывать to speak out
выʼслушать p/imp выслу́шивать to listen to, hear out
высо́кий tall, high
выʼсохнуть p/imp высыха́ть to dry up
выʼспаться p/imp высыпа́ться to have a good sleep
выставля́ть imp/p выʼставить to put forward
выʼстрелить p/imp стреля́ть to shoot
выʼсунуть p/imp высо́вывать to thrust out
высчи́тывать imp/p выʼсчитать to calculate
выта́скивать imp/p выʼтащить to drag out
выʼтвердить p/imp вытве́рживать coll. to learn by heart
вытира́ть imp/p выʼтереть to wipe
выть imp/p за- to howl
выʼтянуть p/imp выта́гивать to stretch out

галу́н gold lace
галчёнок young jackdaw
гарцева́ть = гарцова́ть imp. to prance
гвозди́к dim. of гвоздь nail
ге́рбовый bearing a coat of arms
   ге́рбовая бума́га official stamped paper
геро́йский heroic
ги́бкость f. flexibility
гидроста́тика hydrostatic
гимнасти́ческий gymnastic
глазо́к dim. eye
глубина́ depth
глубокомы́сленно thoughtfully
гнать imp. to turn out, chase away
гнуть imp/p согну́ть to bend
годи́ться imp/p
   пригоди́ться to be of use
голени́ще top of a boot
голова́ head

го́лос voice
голоси́стый filled with sound, loud-voiced
голосо́к dim. voice
голубе́нький dim. blue
голу́бушка darling
голу́бчик my dear
го́лубь m. dove, pigeon
го́нчая hound
горбоно́сый hook-nosed
горди́ться imp. to be proud of
го́рдость f. pride
го́ресть f. sadness
го́рничная house maid, lady's maid
горячи́ться imp. to be angry, excited
горя́чка fever
госпо́дский belonging to the master
Госпо́дь The Lord
гости́ть imp/p по- to be on a visit
гото́виться imp/p при- to be preparing
град hail
   пот кати́лся гра́дом the sweat came down in torrents
графи́н water-jug, carafe
грацио́зный graceful
грёза day-dream
грех sin
гриб mushroom
гроб coffin
гроза́ thunderstorm
грози́ть imp. to threaten
гро́зный stern
гро́мкий loud
гро́хнуться to fall down with a crash
грудь f. breast, chest
грусть f. sadness
грязь f. mud
губа́ dim. гу́бка lip
гуверна́нтка governess
гуверне́р-щёголь dandy—tutor
гул din, rumble
   зали́вистый гул clamorous din
гуля́нье outing
гумно́ threshing-floor
густо́й thick (deep of voice)

дави́ть imp. to oppress, press, choke
давни́шний of long ago, old
дальне́йший further
да́льний distant

дар gift
дари́ть imp/p по- to present, give
да́ром что even though
двенадцатиле́тний twelve-year-old
дви́гать imp/p дви́нуть to move
дворе́цкий butler
дворо́вый manor serf
дворяни́н nobleman
двугри́венный 20-kopeck piece
дева́ть (ся) imp/p де́ть (ся) to go, get to
де́вичья maids' room
де́вка a wench, girl
де́готь tar
действи́тельность f. reality
де́ло: како́е ей де́ло до нас what has she to do with us
де́лывать do
де́нежки/деньжо́нки dim. money
де́ргать imp/p дёрнуть to pull, twitch, tug
де́рзость f. impertinence
де́тка child
де́тока dim. child
де́ятельность f. activity, work
дива́нная sitting-room
дно bottom
до́бренький dim. kind
добро́ property, good
доброде́тель f. virtue
доброду́шный good-natured
доброта́ kindness
дове́ренность f. confidence
до́вод argument
доводи́ть imp/p довести́ to lead to
доводи́ться imp/p довести́сь to have come to
дово́льный contented, satisfied
догада́ться p/imp дога́дываться to guess
доезжа́чий whipper-in
дожда́ться: не- to await unsuccessfully
доказа́тельство evidence
дока́зывать imp/p доказа́ть to prove
докла́дывать imp/p доложи́ть to announce, report
доку́чливый tiresome
долг duty, debt
до́лжность f. post, service
допуска́ться imp. to be admitted to

дорожи́ть imp. to value
доро́жка path
доро́жный travelling
доса́да annoyance
доста́точный sufficient
доста́ть p/imp достава́ть to get, procure, reach, take
достига́ть imp/p дости́гнуть/дости́чь to reach
досто́йно adequately, suitably
досто́йный worthy
до́сыта adv. to one's heart's content
дотра́гиваться imp/p дотро́нуться to touch slightly
дохо́д income
доходи́ть imp/p дойти́ to come to, reach
дра́тва wax end, here: thread
дре́вний ancient
дремо́та drowsiness
дрожа́ть imp. to tremble
дрожь f. trembling
дружо́к dim. друг friend
дрянно́й worthless
дубо́вый oak
дурно́й bad, ugly
дурь f. folly
дуть imp/p по- to blow
дух: в тако́м ду́хе in that manner
  прису́тствие ду́ха presence of mind
духовни́к confessor (priest)
ду́шечка darling
дыха́ние breathing
  не переводи́ть дыха́ния to hold one's breath
ды́шло beam, pole
дьячо́к sexton
дя́дька here: boys' servant

ева́нгелие gospel
е́герь m. hunstman
едва́ hardly едва́ ли probably not, hardly
ежего́дный yearly, annual
е́жели if
ей-Бо́гу really, honestly, I swear
ермо́лка skull-cap
есте́ственный natural

жа́дный greedy
жа́лоба complaint
жа́лобный mournful
жа́лование wage
жа́лость f. pity
жать imp. to hurt, press

жа́ться imp. to press, huddle
желе́зка dim. iron побря́кивая желе́зкой tingling with a ring
жёлудь acorn
жёлчный bilious, bitter
жеребёнок foal
же́ртва victim, sacrifice
жест gesture
жива́ть obs. frequentative of жить
жи́во adv. vividly
живопи́сный picturesque
живу́чий vital, tenacious
жи́дкий thin, liquid
жи́листый muscular
жму́рить глаза́ to screw up one's eyes
жнивьё stubble
жни́ца reaper
жужжа́ние hum, buzz
жу́тко terribly мне жу́тко I am terrified

забавля́ть imp/p заба́вить to amuse
забива́ть imp/p заби́ть to obstruct, jam, intercept забива́ть одну́ но́гу о другу́ю to rub one leg against the other
забира́ться imp/p забра́ться to climb, perch
заблужде́ние error, delusion
заболе́ть p/imp боле́ть to become ill
забо́р fence
забо́та/забо́тливость care, worry, solicitude
забытьё: в забытьи́ unconscious
забы́ться p/imp забыва́ться to forget oneself
заверте́ться p/imp верте́ться (to begin) to twirl
заве́сить p/imp заве́шивать to curtain off
завести́ p/imp заводи́ть to establish a rule
завеща́ть imp. and p. to bequeath, to leave by will
зави́довать imp/p по- to envy
завора́чивать imp/p заверну́ть to wrap
завя́знуть p/imp завяза́ть to stick in
зага́дочный enigmatic
загиба́ться imp/p загну́ться to turn (up, down)

заглуши́ть p/imp заглуша́ть to smother, muffle, deaden
заговори́ть p. to begin to speak
загоре́лый sunburnt
загороди́ть p/imp загора́живать to block up, bar
загры́зть p/imp загрыза́ть to bite to death (to pieces)
задвижно́й sliding
заде́ржка delay
заде́ть p/imp задева́ть to touch, brush against
за́дний back, rear
задохну́ться p/imp задыха́ться to choke, pant
задрема́ть p/imp дрема́ть to doze off
заду́мываться imp/p заду́маться to become thoughtful
задуше́вный innermost
заи́грывать imp. to make advances, flirt
заи́скивание ingratiating oneself, flattery
за́йчик dim. of за́яц hare
заки́нуть p/imp заки́дывать to toss, throw
заключи́ть p/imp заключа́ть to conclude
закрича́ть p/imp крича́ть to call, shout, cry out
закрыва́ть imp/p закры́ть to hide, cover, close
закури́ть p/imp заку́ривать to light up (a cigarette)
закуса́ть coll. to bite to death
залакиро́ванный polished
залива́ться imp/p зали́ться to bay, sing with abandonment
зало́г deposit, security
заложи́ть p/imp закла́дывать to tuck, put, lay
за́лпом adv. in one gulp
зама́нчивый alluring, enticing
замара́ть p/imp мара́ть to soil
замени́ть p/imp заменя́ть to replace
замёрзнуть p/imp замерза́ть to freeze
замеча́ние rebuke
замеча́тельный remarkable
замеча́ть imp/p заме́тить to notice, observe
замира́ние се́рдца sinking of the heart

115

замолчáть p/imp замолкáть
to become silent

замыкáться imp/p
замкнýться to be closed,
bounded

занемóчь p/imp занемогáть to
fall ill

занять p/imp занимáть to
occupy

заóчно without seeing

запáс supply, store, reserve

запáчкать p/imp пáчкать
to soil

запирáть imp/p заперéть
to lock

заплáкать p. to begin to cry

заплатить p/imp платить
to pay

започивáть obs. p. to fall asleep

запыхавшийся out of breath,
panting

зарастú p/imp зарастáть to be
overgrown

зарыдáть p. to begin to sob

засеменить p/imp семенить (to
begin) to mince

заслóнка oven door

заслýга merit

по заслýгам as a reward

зáспанный sleepy

заставáть imp/p застáть
to find

застéнчивость f. shyness

засучить p/imp засýчивать to
roll up

затворить p/imp затворять to
close

затéять p/imp затевáть
to venture

затó but then, on the other hand

затопотáть p. to begin to stamp
(one's feet)

затрапéзка coarse linen dress

затрапéзный made of course linen

затылок the back of the neck

захлёбываться imp/p
захлебнýться to choke
(swallow the wrong way)

захохотáть p/imp хохотáть to
burst out laughing

защемить p/imp щемить
to pinch

защищáть (ся) imp/p
защитить (ся) to defend
(oneself)

звóнкий ringing, clear

звучáть imp/p про- to ring,
sound

здорóваться imp/p по- to
greet

здрáвый healthy, sound

зипýн homespun coat

злость f. anger, fury

знакóмство acquaintance

знакóмый familiar

знáтный noble, distinguished

знатóк expert

зов call

зрачóк pupil of the eye

зрéние eyesight

úгрывать play

игрúвый playful

избáвить p/imp избавлять
to save from

избрáть p/imp избирáть
to choose

избýшка dim. of избá hut

избыток excess

извéстие news

извóльте if you please, be good
enough

изгнáние banishment

изголóвье (грóба) head of a
coffin

изгонять imp/p изгнáть to
drive out

издáть p/imp издавáть to emit,
issue, edit

издержáть p/imp издéрживать
to spend

излять p/imp изливáться
to give vent to

изложить p/imp излагáть
to give an account

измятый crumpled

износить p/imp изнáшивать
to wear out

изображéние picture, image

изобрестú p/imp изобретáть
to invent, devise

изорвáть p/imp изрывáть
to tear (to pieces)

úзредка adv. from time to time

изрéзанный cut (about)

изречéние dictum, saying

изучáть imp/p изучить to study

изъявить p/imp изъявлять
to express

изюм raisins, sultana

изящный graceful

икрá calf of leg, caviar

именúнница female name-day cel-
ebrant

именúны name-day (day of saint
after whom person is named)

116

име́нье estate
иму́щество belongings, property
ино́й another
интона́ция intonation
ирони́чески ironically
исключа́я with the exception of
и́скоса askance, aslant
и́скренность sincerity
иску́сный skilful, clever
испа́рина perspiration
испито́й hollow-cheeked
испове́доваться p. and imp. to confess (one's sins) obs. p. испове́даться
испо́лненный та́инственности filled with (shrouded in) mystery
исполня́ть imp/p испо́лнить to fulfill, carry out
испо́ртить p/imp по́ртить to spoil
испуга́ться p/imp пуга́ться to become frightened
испыта́ние experience
испы́тывать imp/p испыта́ть to experience, feel, test
и́стина truth
исто́чник source
исцеля́ть imp/p исцели́ть to heal, cure

каблу́к heel
ка́дка pail, tub
каёмочка/каёмка dim. of кайма́ border, edging
каза́ться imp/p по- to seem, appear (to be)
казна́ treasury
камерди́нер valet
ка́пля drop
капо́т dressing-gown
караме́лька caramel
карау́льщик watchman
кардо́н = карто́н cardboard
каре́та carriage, equipage
ка́рий brown
карни́з ledge, cornice
карье́ра career
кафта́н peasant coat
кацаве́йка obs. loose fur-lined jacket
кача́ться imp/p по- to swing
ка́чество quality
квас kvass, rye beer
квита́нция receipt
кивну́ть p/imp кива́ть to greet, nod

киво́т = кио́т icon case
кида́ть imp/p ки́нуть to throw, kick out, cast
кисе́йный/кисея́ muslin
ки́сточка small tassel
кладова́я larder, store-room
кле́вер clover
клеёнка oil-cloth
кле́стир paste
кле́тка check
клочёк small piece
клубо́к group, ball, tangle
кля́кса blot
кля́сться imp/p по- to swear
кнут whip, knout
княги́ня princess (married)
княжна́ princess (unmarried)
князь m. prince
ковыря́ть imp/p по- to pick
ко́е-как adv. somehow
ко́жа leather, skin
козло́вый made of goat's skin
ко́злы driver's seat
колеба́ться imp/p по- to waver
коленко́р calico
колея́ rut
ко́ли coll. if
ко́лос ear of corn
коля́ска carriage, cab
комо́д chest of drawers
конву́льсия convulsion
конёк beloved hobby, fad
ко́нчик edge (chair), tip
кончи́на decease, demise
копна́ stack, sheaf
ко́рень m. root
коро́тенький dim. short
ко́рочка dim. of ко́рка crust, cover
от ко́рки до ко́рки from cover to cover
корыстолюби́вый greedy
косма́тый shaggy
косо́й slanting
косты́ль m. staff, crutch
косы́ночка dim. scarf, neckerchief
край edge
кра́йне extremely
до кра́йности to excess
кран tap
крапи́ва nettle
краса́вчик darling
кра́ска paint
красноре́чие eloquence
красота́ beauty
кре́пкий firm, strong

крепостно́й serf
кре́сло dim. кре́слице arm-chair
крест cross dim. кре́стик
крести́ть imp/p о-, пере- to make the sign of the cross
криви́ться imp/p c- to become twisted
криво́й crooked Coll. blind in one eye
кро́тость gentleness, meekness
кро́шечный tiny
круг circle, disc dim. кружо́к
кругообра́зно adv. in circles
кру́жево lace
кружи́ться imp. to go round in circles
кру́пный large, substantial
крыло́ wing dim. кры́лышко
кры́шка lid
кряхте́ть Coll. to groan
кудря́шки pl. dim. of ку́дри curls
ку́кольная коме́дия humbug
кула́к fist
кум pl. кумовья́ godfather (God-parent)
кумачо́вый red calico
куре́нье incense, smoking
ку́рица hen, chicken
ку́рточка dim. of ку́ртка jacket
курча́вый curly
кусо́чек dim. of кусо́к piece
куст bush
кутья́ cold sweet pudding made of wheat, honey, nuts, etc.
ку́чер coachman
ку́чка dim. of ку́ча pile
кушак girdle, sash

ла́вочка dim. of ла́вка shop
ла́дан incense
ладо́нь f. palm of a hand
ла́йковый kid
лаке́й lackey, footman
лаке́йская servants' quarters
ландка́рта map
ларь m. chest, coffer
ла́ска caress
ласка́ться imp/p при- to caress, fondle
ла́стовица gusset (of a shirt sleeve)
лека́рство medicine
лексико́н lexicon, dictionary
леле́ять imp. to cherish
лени́вый lazy

ле́нточка dim. of ле́нта ribbon
ленти́й lazy fellow
лень f. idleness, laziness
лепета́ть imp/p про- to prattle
лепи́ться imp. to cling
ле́стный flattering
лечь p/imp ложи́ться to lie down
ливре́йный liveried (lackey)
лиза́ть imp/p лизну́ть to lick
лило́вый lilac, violet
линева́ние drawing lines
лине́йка ruler, an open carriage
линова́ть imp/p на- to rule lines
ли́па lime (tree)
листва́ foliage
листо́чек/листо́к dim. of лист leaf, sheet of paper
лицеме́рить to play the hypocrite
лицеприя́тие obs.
пристра́стность partiality
ли́чико dim. of лицо́ face
лови́ть imp/p пойма́ть to catch
ло́вкий nimble, adroit
ло́жный false
ло́коть m. elbow
лото́чек dim. tray
лу́жа puddle
лук bow, onion
лы́сина bald patch
льсти́ть imp/p по- to flatter
любе́зность courtesy, kindness
люби́мчик pet
любо́вь f. love
любопы́тство curiosity
лю́лька cradle
ля́жка thigh

ма́зать imp/p на- to grease
маку́шка crown of the head, top of a tree
мальчи́шка dim. of ма́льчик boy, greenhorn, urchin
мама́ша dim. mamma
ма́менька dim. mamma
манже́та cuff
мани́ть imp/p по- to beckon
мани́шка shirtfront
манти́лья mantilla
мара́нье messy writing
ма́сло butter, oil, here: еле́й anointing oil
ма́стер maker, master
Ма́терь Бо́жия Mother of God
ма́тушка obs. mother
маха́ние waving
маха́ть imp/p махну́ть to wave, wag

мгла mist
ме́дный copper, bronze
ме́лкий shallow
ме́лочный trifling
мелька́ть imp/p мелкну́ть to flit, flash
ме́льница mill
мельча́йший smallest
местоиме́ние pronoun
мета́ться imp. to toss
мехово́й of fur
меша́ть imp/p по- to disturb
мига́ть imp/p мигну́ть to blink
милосе́рдие mercy
ми́лостивый merciful, gracious
ми́лость f. favour
ми́лочка coll. darling
мину́тный momentary
мину́ть p. to pass
мно́жественный plural
моги́ла grave
моле́бен thanksgiving service, service of intercession
моли́тва prayer
моли́ться imp/p по- to pray
моло́денький dim. young
молоде́чество display of courage
моло́дчик dandy
молча́ние silence
моль f. moth
мо́рда muzzle
морщи́нистый wrinkled
мо́ська pug-dog
моти́в tune
мох moss
мохна́тый shaggy
моча́лка dishcloth
мрак darkness
мра́чный gloomy
му́жество manliness, courage
мука́ flour, meal
мунди́р dress uniform (jacket)
мураве́й ant
мускули́стый muscular
му́тный dim
му́чить imp/p за- to torment
мы́ло soap here: sweat, foam
мы́сленно in one's thoughts, mentally
мы́тарство ordeal, trial
мяси́стый fleshy

на here: take it!
набалда́шник cane-head, knob
набе́гаться p. Coll. to have had enough of running about

набира́ться imp/p набра́ться accumulate
наблюда́ть imp. to observe
на́божный pious
навева́ть imp/p наве́ять to evoke, induce
наве́ки adv. forever
наверну́ться p. наверну́лись слёзы tears welled up
навзры́д adv. пла́кать навзры́д to sob
наводи́ть imp/p навести́ to bring upon
нагляде́ться: не мог нагляде́ться never tired of looking at
нагну́ть p/imp нагиба́ть to bend
нагоня́ть imp/p нагна́ть (сон) to bring on (sleep)
нагоре́ть p/imp нагора́ть to form into snuff
награди́ть p/imp награжда́ть to reward, decorate
надме́нный haughty
надоеда́ть imp/p надое́сть to bore
на́дпись here: address
нажа́ть p/imp нажима́ть to press
назна́ченный assigned, intended for
называ́ть imp/p назва́ть to call
наи́вный naive
наизу́сть by heart
на́искось adv. obliquely
наказа́ние punishment
накле́ить p/imp накле́ивать to paste on
накрахма́лить p/imp крахма́лить to starch
накры́ть p/imp накрыва́ть to cover
наме́дни Coll. the other day
намёк hint
намерева́ться to intend
нанести́ p/imp наноси́ть to deal (a blow)
на́нковый nankeen
наоборо́т on the contrary, the other way about
наполня́ться imp/p напо́лниться to fill up
напома́дить p/imp пома́дить to pomade
напомина́ть imp/p напо́мнить to remind

напряже́ние effort, strain
напу́дренный powdered
нарисова́ть p/imp рисова́ть to draw, paint
нару́жность f. appearance
наруше́ние violation
наси́лу with difficulty
наси́льно adv. forcibly
наслажда́ться imp/p наслади́ться to enjoy
наслажде́ние delight
насле́дство inheritance
насме́шка mockery
насме́шливый mocking, derisive
наставле́ние admonition, instruction
наста́вник tutor
настоя́ть p/imp наста́ивать to insist
настро́енный predisposed, attuned to
насчёт as regards
насы́щенный satisfied, satiated
нату́житься p. coll. to strain oneself
нату́ра nature
натя́гивать imp/p натяну́ть to pull on
нахму́риться p/imp хму́риться to frown
начи́танный well-read
наяву́ adv. in one's waking hours
небе́сный celestial
неблагода́рность f. ingratitude
невероя́тный extraordinary
неви́нный innocent
невозврати́мый irrevocable
нево́льно adv. involuntarily
него́дный worthless, good-for-nothing
неда́ром adv. not without reason
недостава́ть imp/p недоста́ть to be lacking
мне недостава́ло сил I had not sufficient strength
недоста́ток defect, shortage
недоуме́ние bewilderment, perplexity
неесте́ственный unnatural
не́жность f. tenderness, gentleness
незави́дный unenviable
незадо́лго пе́ред э́тим a short while before this
незаме́ченный unnoticed
не́зачем adv. Coll. (there is) no need
незе́мно́й unearthly

незна́ние lack of knowledge, ignorance
неизве́стность f. uncertainty
неизме́нный invariable
необъясни́мый inexplicable
неиспо́рченный unspoiled
нейстовый furious, frantic, violent
некра́шенный unpainted
неле́пица nonsense
нело́вкий clumsy, awkward
нема́лый not inconsiderable, not a few
необита́емый uninhabited
необозри́мый limitless
необходи́мый essential, indispensable
необыкнове́нный exceptional
неожи́данность f. surprise
неопи́санный indescribable
неопределённый indefinite
неосторо́жность f. carelessness
неотрази́мый irresistible, irrefutable
неподви́жный motionless, immobile
неподража́емый inimitable
непоколеби́мый unshakable
непоня́тный obscure, incomprehensible
непра́вильный irregular
непреме́нно without fail
непреодоли́мый insurmountable
непреры́вный continuous, unbroken
неприли́чный indecent
непринуждённый natural, free and easy
неприя́тность f. unpleasantness
неро́вный uneven
несвя́зный incoherent
нескла́дный incoherent
не́сколько somewhat
несно́сный insufferable, unbearable
несообра́зный not in accordance with, incongruous
неспосо́бность f. inability, incapacity
несправедли́вость f. injustice
несравне́нно incomparable
несча́стный unhappy, wretched, miserable
неуда́ча failure
неуже́ли is it possible
неуклю́жий clumsy
неулови́мый elusive
неуме́стный inappropriate

120

нечáянно adv. accidentally
нечёсаный uncombed, tousled
нечúщенный not cleaned
нимáло не мéдля without losing
  a moment
нискóлько not in the least
нúтка thread
нóжка dim. leg, foot
нóготь m. finger (toe) nail
нóсик dim. nose
нрав disposition, temper
нрáвственный moral
нúнешний present нúнче coll.
  today, now
нюня cry-baby
нянчить imp. to nurse

обвинять imp/p обвинúть to
  accuse
обвúть p/imp обвивáть to
  embrace
обворожúтельный charming,
  fascinating
обдёрнуть p/imp
  обдёргивать to pull down
обдýмать p/imp обдýмывать to
  reflect, to think over
обегáть imp/p обежáть to run
  round
обёрточная бумáга wrapping
  paper
обеспéчить p/imp
  обеспéчивать to provide for
обещáние promise
обещáть p. and imp. to promise
обúда offence
обижáть imp/p обúдеть to
  offend
обúльный abundant
обладáть imp. to own, have
облегчéние relief
облегчáть p/imp облегчáть to
  lighten
облúть p/imp обливáть to pour,
  spill
облокотáться p/imp
  облокáчиваться to lean on
обмáн deception
обмáнывать imp/p обманýть to
  deceive
обминáть imp/p обмáть to press
  down
обмотáть p/imp
  обмáтывать (шéю) to wind
  round (the neck)
обнúть p/imp обнимáть to
  embrace
обомшéлый moss-grown

обóрванный tattered
образóванный educated
образовáться p/imp
  образóвываться to form
образóк dim. of óбраз icon,
  image
обрáзчик example
обращáться imp/p обратúться
  to treat
обращéние treatment of
обрéзок a cutting, scrap
обстоятельство circumstance
обступáть p/imp обступáть to
  surround
обхватáть p/imp обхвáтывать
  to embrace
обхóд detour
обшúть p/imp обшивáть to
  edge, trim
общепрúнятый generally
  accepted
объявлять imp/p объявúть to
  announce, declare
обúчай custom
обязанность f. duty
óвод gadfly
оглáживать imp/p оглáдить to
  stroke, pat
оглядываться imp/p
  оглянýться to look back,
  round
оголáться p/imp оголяться to
  strip, bare
огородáть p/imp
  огорáживать fence in,
  enclose
огорчéние grief
огорчáть p/imp огорчáть to
  hurt, grieve
оградúть p/imp ограждáть to
  protect
оделáть p/imp оделять to give
  to each
одеúльце dim. blanket
одинáкий the same
одинáково equally

однообрáзный monotonous,
  unchanging
одобрéние approval
одобрúтельный approving
одуревáющий stupefying
одушевлённый animated
ожидáние expectation
ожидáться imp. to be expected
означúть p/imp означáть to
  signify
ознóб fever

ока́зывать imp/p оказа́ть to show

оки́нуть p/imp оки́дывать to cast a glance, look at

окле́енный glued

о́ко pl. о́чи eye

в мгнове́нне о́ка in the twinkling of an eye

оконча́тельно finally, completely

окружа́ть p/imp окружа́ть to surround

опа́сность f. danger

опере́ться p/imp опира́ться to lean against

о́пись f. inventory

оплы́вший swollen

опозда́ть p/imp опа́здывать to be late

опо́мниться p/imp опомина́ться to come to one's senses, to recover

опра́вить p/imp оправля́ть to set right

опрове́ргнуть p/imp опроверга́ть to refute

о́прометью headlong

опу́хший swollen

опу́шка edge of a forest

опьяне́ние intoxication

опя́ть-таки but again

оригина́льность f. originality

орли́ный aquiline

освежа́ть imp/p освежи́ть to refresh

освети́ть p/imp освеща́ть to light up

освеще́ние illumination, light

освещённый illuminated

оседла́ть p/imp седла́ть to saddle

оскорбле́ние insult

оскорбля́ть imp/p оскорби́ть to insult

основа́ние basis

основа́тельно adv. thoroughly

осо́ба person

осо́бенность f. peculiarity

в осо́бенности especially

осрами́ть p/imp срами́ть to shame

оста́ток remnant

осуществи́ться p/imp осуществля́ться to be carried out

осчастли́вить p/imp осчастли́вливать to make happy

осы́пать p/imp осыпа́ть (похва́лами) to heap praises upon

ось f. axis

отби́ть p/imp отбива́ть to wrest away, to beat off, repulse

отбо́рный refined, carefully chosen

отвле́чь p/imp отвлека́ть to divert

отверну́ться p/imp отвора́чиваться to turn away

отве́рстие opening, aperture

отвеча́ть (за) imp/p отве́тить (за) to answer (for)

отве́шивать imp/p отве́сить to weigh

отвори́ть p/imp отворя́ть to open

отврати́тельный repulsive

отдалённый distant, remote

отдёрнуть p/imp отдёргивать to draw back quickly

отдохну́ть p/imp отдыха́ть to take a rest

отду́шник ventilation

отере́ть p/imp отира́ть to wipe off

оте́чески fatherly

отка́зываться imp/p отказа́ться to refuse

отки́нуть p/imp отки́дывать to throw back, away

открове́нный frank

открыва́ть imp/p откры́ть to open

отку́шать p. to have finished one's meal

отли́в play of colours, ebb, ebb-tide

отлича́ться imp/p отличи́ться to distinguish, differ from

отли́чный excellent

отложи́ть p/imp откла́дывать to postpone

отма́хиваться imp/p отмахну́ться to wave away

отмеча́ть imp/p отме́тить to note, mark

относи́ть imp/p отнести́ to carry away

отноше́ние relation, attitude, respect

отню́дь adv. by no means, not at all, on no account

отня́ть p/imp отнима́ть to take away

отогнáть p/imp отгонáть to chase away

отодвигáть imp/p отодвúнуть to move aside

отозвáться p/imp отзывáться to answer, echo

отойтú (в стóрону) p/imp отходúть to step (aside)

отомстúть p/imp мстить to avenge

отплатúть p/imp отплáчивать to pay back

отпрáвиться p/imp отправлáться (в дорóгу) to set off (on a journey)

отпустúть p/imp отпускáть to release, to give out, issue

отрáда joy

отрáдно gratifying

отрéзать p/imp отрезáть to cut off

óтрочество adolescence

отрýскивать imp/p отрýскать to run away (hunting)

отсидéть себé нóгу to have pins and needles in one's leg

отскочúть p/imp отскáкивать to jump aside

отсрóчка postponement

отстáть p/imp отставáть to lag behind

отсýтствие absence

оттéнок shade

оттолкнýть p/imp оттáлкивать to push aside

отумáненный befogged

отчáяние despair

отчёт account, report

отчётливый distinct

официáнтская steward's room

охлаждáть imp/p охладúть to cool

охóтник hunter

очаровáние charm

очевúдность f. the obvious

очутúться p. to find oneself, to get into

ошéйник collar

ошибúться p/imp ошибáться to be mistaken, to make mistakes

ошúбочка dim. mistake

ощущáть imp/p ощутúть to feel

па step

палисáдник front garden

пáлка stick

пáльчик dim. finger

палáщий scorching, baked

пáмятник monument

пáмятный memorable

панихúда requiem service

панталóны pl. dim.
панталóнчики pantaloons

пáпенька dim. papa

пáпоротник fern

пар fallow

парчá brocade

патетúческий pathetic

паутúна cobweb

пахýчий fragrant

пáчкать imp/p за- to soil

певáть obs. coll. to sing

пéгий piebald

пеленáть imp/p c- to swaddle

пергáмент parchment

перебáть p/imp перебивáть to interrupt

перебирáть imp/p перебрáть пáльцами to finger

перевернýть p/imp перевёртывать to turn over

передéлать p/imp передéлывать to alter

передрáзнивать imp/p передразнúть to mimic

пережёвывать imp/p пережевáть to chew

пережúть p. to outlive

перекáтываться imp/p перекатúться to roll (over)

переклáдывать imp/p переложúть to shift, move

перекрестúться p/imp крестúться to cross oneself

перелезáть imp/p перелéзть to creep over

переменúть p/imp переменáть to change

переминáться imp. (с ногú нá ногу) to shift from one foot to the other

перенестú p/imp перепосúть to transfer

перенять p/imp перенимáть to imitate

пéрепел quail

переплёт binding

перепрыгивать imp/p перепрыгнуть to leap over

перепýтаться p/imp перепýтываться to become confused

перерыть p/imp перерывать to rummage

перескочить p/imp перескакивать to jump across, vault

пересохший brittle, parched

перестать p/imp переставать to cease

перетирать imp/p перетереть to rewipe

перетянуть p/imp перетягивать to pull, "win"

переход change, transition

перешёптываться to whisper to one another

перочинный нож penknife

персик peach

пёстрый gay coloured

питьё drink

плавно adv. smoothly

плакса cry-baby

плачевный miserable

пленить p/imp пленять to captivate

плерезы pl. sewn on mourning decorations

плетёный wattled, plaited

плечико dim. shoulder

плешивый bald

плешина/плешь f. bald patch

плотина dam

плотно closely

плутоватый roguish

побледнеть p/imp бледнеть to grow pale

побудить p/imp побуждать to induce, impel

побуждение motive

поваляться p/imp валяться fall

поварёнок kitchen boy

повелительный imperative, imperious

поверить p/imp. поверять to confide

повернуться p/imp поворачиваться to turn round

повеса rake, scapegrace

повеселяться p/imp веселяться to have a good time

повесить p/imp вешать to hang up

по-видимому apparently

повлечь p/imp влечь to drag to

повод pl. поводья rein, bridle

поворачивать imp/p повернуть to turn, swing

погибнуть p/imp гибнуть to become lost, perish

поглядывать imp. to cast looks at

погнаться p/imp гнаться to chase

погодите Coll. wait a moment

погодя: немного погодя a little while later

погребение burial

погреться p/imp греться to warm oneself

погрозиться p/imp грозиться to threaten

погрузиться p/imp погружаться plunge

подбегать imp/p подбежать to run up

подвергнуть p/imp подвергать to subject

подвернуть p/imp подвёртывать to tuck in

подвинуть p/imp подвигать to move along

подвластность obs. f. subservience

поддерживать imp/p поддержать to support allow, permit

подлиннеть grow long

подействовать p/imp действовать to act

поделиться p/imp делиться to share

подёргивать imp/p подёргать to twitch

подкатить p/imp подкатывать to drive up

подкладка lining

подклеенный pasted up, glued

подкрепить p/imp подкреплять to support, strengthen

подлезать imp/p подлезть to crawl under

подливать imp/p подлить to top up the glass, add to

подлость f. baseness

подмигнуть p/imp подмигивать to wink at

подмышка: подмышками under one's arms

подниматься imp/p подняться to lift oneself, raise

поднятый raised

подобрать p/imp подбирать to gather up

124

подогна́ть p/imp подгоня́ть to spur, urge on
подозва́ть p/imp подзыва́ть to beckon, call up
подозрева́ть imp. to suspect
подо́шва sole
подпоя́сать p/imp подпоя́сывать to girdle
подря́сник cassock
подсве́чник candlestick
подслу́шивать imp/p подслу́шать to eavesdrop, listen
подставля́ть imp/p подста́вить to put under, hold up to
подступа́ть p/imp подступа́ть to approach, come up to
подтверда́ть p/imp подтвержда́ть to confirm
подчиня́ться imp/p подчини́ться to submit
подъе́зд entrance, porch
подъём jack
пожале́ть p/imp жале́ть to be sorry for
поже́ртвовать p/imp же́ртвовать to sacrifice
поживи́ться p. to profit (by)
по́за position, pose, attitude
позволе́ние permission
познако́миться p/imp знако́миться to become acquainted
позна́ние knowledge
поиска́ть p. to look for
показа́ть p/imp пока́зывать to show, intimate
пока́зываться imp/p показа́ться to appear, show oneself
пока́чивать imp/p покача́ть to shake
поки́нуть p/imp покида́ть to forsake
покло́н: земно́й покло́н deep bow
поклони́ться p/imp кла́няться to bow, greet
поко́й: на поко́й to eternal rest
в поко́е to leave alone, in peace
поко́йник deceased
поко́йница deceased
поко́йный deceased, the late
поко́иться imp. to rest, repose

покора́ться p/imp покоря́ться to submit
поко́рный submissive
покрасне́ть p/imp красне́ть to become red, blush
покри́кивать Coll. imp. to shout from time to time
покрови́тель m. patron
покро́й cut
все на оди́н покро́й all of one pattern
поку́да Coll. while
пол sex, floor
пола́ flap
полага́ть imp. to suppose, think
поло́жим let us assume, say, admit
положи́ть p/imp класть to place
полоса́ strip
полоса́тый striped
по́лочка dim. shelf
полузакры́тый half-closed
полукру́г semi-circle
полуфрачо́к tail coat (similar to Eton suit)
полча́сика dim. half an hour
полы́нь f. wormwood
по́льза benefit
в на́шу по́льзу in our favour
по́льзоваться imp/p вос- to use, enjoy
польсти́ть p/imp льсти́ть to flatter
поля́нка glade
пома́да pomade
пома́зка grease
помести́ться p/imp помеща́ться to find room
поми́луй (-те) coll. for goodness' sake
го́споди поми́луй the Lord have mercy
помина́ние prayers for the dead
помина́ть imp. to mention, pray to God
помира́ть imp/p помере́ть to die
- со́ смеху to split one's sides with laughter
помо́л grinding
помо́лу не́ было there was nothing to grind
помоли́ться p/imp моли́ться to pray
помо́рщиться p/imp мо́рщиться to frown
по́мочи pl. braces

помяну́ть p/imp помина́ть to mark, mention

пона́добиться coll. to have need of

пониже́ние fall, drop

пони́зить p/imp понижа́ть to lower

поню́хать p/imp ню́хать to smell ню́хать таба́к to take snuff

поня́тие understanding, conception

поощре́ние incitement, encouragement

попа́сться p/imp попада́ться to turn up, be caught, come across

попече́ние care

поправля́ть imp/p попра́вить to repair, adjust, correct

по́прище walk of life

попро́бовать p/imp про́бовать to try

поравня́ться p. to come up with

пора́доваться p/imp ра́доваться to admire, be glad

порази́ть p/imp поража́ть to surprise, strike

поро́г threshold

поро́да species

порожняко́м coll. without a load

поро́к vice, passion

порска́нье hallowing during a hunt

по́ртить imp/p ис- to spoil

портно́й tailor

поруче́ние message

пору́чик lieutenant

поры́вистый impetuous

по́рча damage

поря́дочно coll. pretty well

поря́дочный decent

посади́ть p/imp сади́ть/сажа́ть to plant

посви́стывать imp. to whistle quietly from time to time

посиде́ть imp. to stay for a while

посине́лый which had become blue

посла́ть p/imp посыла́ть to send

после́довательность f. consistency, succession

после́довать p/imp сле́довать to follow, go after

послу́шный obedient

посма́тривать imp. to look from time to time

посме́иваться imp. to chuckle, laugh quietly

посме́ть p/imp сметь to dare

посове́товаться p/imp сове́товаться to consult

по́сох staff, crook

поспеши́ть p/imp спеши́ть to hasten

посре́дством by means of

поста́вить p/imp ста́вить to place

постара́ться p/imp стара́ться to try

постёгивать imp. to crack the whip from time to time

пости́гнуть/пости́чь p/imp постига́ть to grasp, understand

посторо́нний outside

поступа́ть imp/p поступи́ть to act

посту́пок action, behaviour

постуча́ться p/imp стуча́ться to knock at, rap

пот sweat

потака́ть imp/p потакну́ть Coll. to indulge

пота́чка Coll. indulgence

потере́ть p/imp тере́ть to rub

потеря́ть p/imp теря́ть to lose

поте́ть imp/p вс- to perspire

поте́чь p/imp течь to flow

потра́гивать imp. to touch here and there

потре́бность f. need

потрепа́ть p/imp трепа́ть (по плечу́) to pat someone's shoulder

потя́гиваться imp/p потяну́ться to stretch oneself

похвала́ praise

походи́ть на to resemble

похо́дка walk, gait

по́хороны funeral

поцелова́ть p/imp целова́ть to kiss

почерпну́ть p/imp почерпа́ть to get, draw from

почёсывать imp. to scratch from time to time

почётный esteemed

почита́ть imp/p поче́сть to consider

почти́тельный respectful

почто́вые ло́шади post-horses

почу́вствовать p/imp чу́вствовать to feel

пошевели́ться p/imp шевели́ться to move

пошутить p/imp шутить to joke
появление appearance
пояс belt
праведник pious, righteous man
править to drive
право Coll. really, truly
правописание spelling
праздничный festive
превзойти p/imp
  превосходить to excel
превосходный excellent, superb
превращаться imp/p
  превратиться to turn into
преданность f. loyalty
предательски adv. treacherously
предвещать imp. to foreshadow
предел limit
предлог pretext
предполагать imp/p
  предположить to suppose
предприимчивость f. enterprise
предрассудок prejudice
предсказание prophecy, prediction
представление performance
представляться imp/p
  представиться to present oneself, imagine
предстоящий forthcoming, impending
предубеждение prejudice
предчувствие foreboding
прежний former
презирать imp/p презреть despise, disdain
презренный contemptible
презрительный contemptuous
преимущество advantage, preference
преисполнен/преисполненный overfilled with
преклонный: преклонные лета old age
прекратиться p/imp
  прекращаться to end, cease
прелесть f. charm
прельстить p/imp прельщать to captivate
пренебрежение contempt
прения discussion
преодолевать imp/p
  преодолеть to overcome
прервать p/imp прерывать to interrupt
преступный criminal
претерпенный obs. endured

преувеличивать imp/p
  преувеличить to exaggerate
прибавить p/imp прибавлять (шагу) to add, to hasten one's steps
прибор pl. приборы service (cups, spoons, etc.)
прибрать p. here: to put together
привести p/imp приводить to bring, lead
приветливый friendly, affable
приветствие greeting
привить p/imp прививать to implant, inculcate
привлекательный attractive, alluring
привлекать imp/p привлечь to attract
привстать p/imp привставать to raise oneself momentarily
привязанность f. attachment, devotion
приглаживать imp/p
  пригладить to smooth
приговаривать imp. to keep on saying
приговор verdict, sentence
приготовление preparation
пригреть p/imp пригревать to warm
придать p/imp придавать to add, give
придвинуться p/imp
  придвигаться to move closer
придерживать imp/p
  придержать to hold
придумывать imp/p
  придумать to compose
прием method, reception
приехать p/imp приезжать to arrive, visit
прижигать imp/p прижечь here: to curl with hot tongs (Marcel wave), to heat
прижимать imp/p прижать to press
признательность f. gratitude
признаться p/imp
  признаваться to confess
призрак apparition
приказание order
приказчик steward
приказчица housekeeper's assistant
прикасаться imp/p
  прикоснуться to touch

прикла́дываться imp/p
приложи́ться (ceremonial) to
kiss farewell
приключе́ние adventure
прико́рмка/прико́рм bait, feed
прикоснове́ние touch, contact
прикры́ть p/imp **прикрыва́ть**
to cover up
прилага́ть imp/p **приложи́ть**
to add
приласка́ть p/imp **ласка́ть** to
comfort, caress
прилива́ть imp/p **прили́ть** to
rush to (blood)
прильну́ть p/imp **льну́ть** to
cling
приме́шиваться imp/p
примеша́ться to add
примыка́ть imp/p
примкну́ть to adjoin
примя́ть p/imp **примина́ть** to
press down
принадле́жности pl. of
принадле́жность accessories
при нём in his presence
принужда́ть imp/p
прину́дить to compel, force
принужде́нно adv. forcibly
приня́ться p/imp **принима́ться
за де́ло** to set to work
приобрести́ p/imp **приобрета́ть**
to acquire
приподня́ться stand up
припомина́ть imp/p
припо́мнить to recollect
припры́гивать imp/p
припры́гнуть to skip
припря́тать p/imp
припря́тывать to hide (Coll.)
присе́сть p/imp **приседа́ть на
ко́рточки** to squat
присла́ть p/imp **присыла́ть** to
send in (here)
прислони́ться p/imp
прислоня́ться to lean on
присни́ться p/imp **сни́ться** to
dream about
присоедини́ться p/imp
присоединя́ться to chime in,
join
приставать imp/p **приста́ть** to
keep on, nag, worry
приставля́ть imp/p **приста́вить**
to put, set against
при́стально adv. intently,
fixedly
пристяжна́я trace horse

притаи́ть дыха́ние to hold one's
breath
притво́рный false
пря́толока lintel
прито́м besides
притя́гивать imp/p **притяну́ть**
to attract
прихо́д parish
приходи́ться imp/p **прийти́сь**
to have to
прице́ливаться imp/p
прице́литься to aim
причасти́ться p/imp
причаща́ться to receive the
Eucharist
причт clergy of the parish
причу́дливый fantastic
пришепётывание coll. lisping
пришёптывать to whisper from
time to time
при э́том at that
приюти́ться p. to take shelter
прия́знь obs. f. friendliness
пробива́ться imp/p **проби́ться**
to sprout, break through
пробормота́ть p/imp
бормота́ть to mutter
пробужда́ться imp/p
пробуди́ться to wake up
пробужде́ние awakening
провиде́ние fate
прогне́ваться p/imp
гне́ваться to become angry
продолжа́ть imp/p
продо́лжить to continue
проезжа́ющий passer-by,
traveller
прожжённый burnt
прозра́чный transparent
прозыва́ть imp/p **прозва́ть** to
name, nickname
происше́ствие event
прокра́сться p/imp
прокра́дываться to steal in,
past, through
пролете́ть p/imp **пролета́ть** to
fly through
пролива́ть imp/p **проли́ть** to
shed, spill
промочи́ть p/imp
прома́чивать to wet (through)
пронза́тельный penetrating,
piercing
прони́кнутый filled
про́пасть f. Coll. a lot, a great
deal

пропа́сть p/imp пропада́ть to be lost
пропусти́ть p/imp пропуска́ть to miss
прорыча́ть p/imp рыча́ть to snarl, growl
просве́т patch of light, glimpse
проскочи́ть p/imp проска́кивать to slip by
просну́ться p/imp просыпа́ться to wake up
просо́хнуть p/imp просыха́ть to get dry
прости́ть p/imp проща́ть to forgive
простоду́шный simple-hearted
просто́рный loose, wide
простота́ simplicity
простра́нство space
просту́пок fault, misdeed
простыня́ sheet
просу́нуть p/imp просо́вывать to push through
про́сьба request по про́сьбе at the request
проти́вный repulsive
противоде́йствие counteraction
противоде́йствовать to oppose
противополо́жный opposite
противоре́чить imp. to contradict
протопо́п obs. archpriest
протя́гивать imp/p протяну́ть to pull through
протя́жно adv. in a drawling manner
протя́жный slow
проха́живаться imp/p пройти́сь to stroll, walk up and down
прочесть p/imp чита́ть to read
прочь adv. away
проше́дший past
прошепта́ть p/imp шепта́ть to whisper
прошуме́ть p/imp шуме́ть to rustle, make a noise
проща́ние parting
проще́ние forgiveness
пруд pond
пры́гать imp/p пры́гнуть to jump
прыжо́к leap
пря́жка buckle
прямо́й у́гол right-angle
псалты́рь m. Psalter, psalm-book

пса́рня/пса́рный kennel
псарь m. huntsman
пти́чий bird's, bird-like
пуга́ться imp/p ис- to be frightened
пу́говка small button
пуд pood (36 pounds)
пунктуа́льный punctual
пуска́ть imp/p пусти́ть to let, allow
пуста́ться p/imp пуска́ться to set out (running)
пу́таться imp. to become muddled, confused
пух down
в пуху́ here: dusty
пухови́к feather-bed
пшено́ millet
пыли́ть imp/p на- to raise dust
пыта́ться imp/p по- to attempt, try
пы́шный luxuriant
пьедеста́л pedestal
пю́совый French silk
пя́льцы embroidery frame
пя́тка heel
пятно́ spot
пятьсо́т five hundred

равнове́сие balance
равноду́шный indifferent
равноме́рный even
ра́вный equal
равня́ться imp/p c- to line up
ра́дужный radiant
разбира́ть imp/p разобра́ть to make out
разби́тый jaded
разбогате́ть p/imp богате́ть to grow rich
разбо́йник robber
игра́ в разбо́йники playing at robbers
разбро́санный scattered
разбуди́ть p/imp буди́ть to wake up (someone)
развесели́ться p/imp весели́ться to make jolly, cheer up
разве́шивать imp/p разве́сить to hang
развя́зно free and easy
разга́р: в разга́ре in full swing
разгоре́ться p/imp разгора́ться to flame up
разгу́л revelry

раздáть p/imp **раздавáть** to distribute

раздáться p/imp **раздавáться** to be heard

раздвѝнуть p/imp **раздвигáть** to move apart
    раздвѝнув нóги with feet apart

разделять imp/p **разделѝть** to separate, divide, share

раздирáющий heartrending

раздосáдованный vexed

раздражѝтельный irritable

раздýмать to change one's mind, to consider

разливáть imp/p **разлѝть** to pour out, flood

разлучáть imp/p **разлучѝть** to part from, separate
    разлýка parting

разлюбѝть p. to cease to love

размáхивать imp. to swing

размéр metre, dimensions

размотáть p/imp
    размáтывать to unwrap, unroll

разномáстный of different coats (of horses)

разогнáть г/imp **разгонять** to drive away

разомкнýть p/imp
    размыкáть to unleash

разорвáть p/imp
    разрывáть to tear up

разостлáть p/imp **расстилáть** to spread (carpet)

разочаровáние disappointment

разревéться Coll. to start a howl

разрýшить p/imp **разрушáть** to destroy

разряд category

разъéхаться p/imp
    разъезжáться to depart

разъяснѝть p/imp
    разъяснять to explain

разыгрывать imp/p **разыгрáть** to play

рай paradise

рáма frame

раскáиваться imp/p
    раскáяться to repent

раскалённый scorching

раскидáть p/imp
    раскѝдывать to scatter

расклáдывать imp/p
    разложѝть to lay out

раскланяться p/imp

расклáниваться to exchange greetings

раскраснéться p. to grow red in the face

раскрýть p/imp **раскрывáть** to open

распечáтать p/imp
    распечáтывать to unseal

расположéние mood

расположѝться p/imp
    располагáться to make oneself comfortable

распорядѝться p/imp
    распоряжáться to give instruction

распоряжéние order

распоясать p/imp
    распоясывать to ungirdle, untie

распространяться imp/p **распространѝться** to discuss at length

распрыгаться p. to begin to bob up and down

распýтный dissolute, reprobate

рассердѝться p/imp **сердѝться** to be angry

рассмотрéть p/imp
    рассмáтривать to examine

расставáться imp/p
    расстáться to part

расстанóвка arrangement
    говорѝть с расстанóвкой to speak hesitatingly

расстегнýть p/imp
    расстёгивать to unbutton

расстрóенный disturbed, upset

расстрóйство derangement

расстрóить p/imp
    расстрáивать to upset

рассýдок reason

рассуждáть imp/p **рассудѝть** to think, to reason

рассчѝтывать imp/p
    рассчитáть to reckon with, hope for

растеряться p/imp **терять** to be taken aback, to lose one's head

растѝ imp/p
    вырасти to grow

растрёпанный dishevelled

растрóганный moved, touched

расхищéние robbing, plunder

расходѝться imp/p **разойтѝсь** to disperse

расхо́ды expenses
  расхо́ды по эконо́мии general
  expenses
расхохота́ться p. to burst out
  laughing
расцелова́ть p. to cover with
  kisses
расчёт calculation, reckoning
расчу́вствоваться to be deeply
  moved
расша́ркаться p/imp
  расша́ркиваться to click one's
  heels in greeting
расшиба́ться p/imp
  расшиба́ться to hurt oneself
рвать imp/p co - to tear (off)
рва́ться imp. to rush, struggle
ребя́тишки Coll. children
ребя́чество childishness
ре́дкий sparse, thin
ре́дкость f. curiosity
ре́зкий sharp
рекреа́ция holidays
ре́йсфе́дер drawing-pen
репе́йник burdock
ресни́ца eyelash
рессо́ра spring
речи́вость f. talkativeness
речь f. speech, conversation, talk
решётка railing, paling, grating
решётчатый latticed
реши́тельно definitely, resolu-
  tely
реши́тельный decisive, bold
реши́ться p/imp реша́ться to
  dare, decide
ржано́й (attr.) rye
ри́за chasuble
ри́фма rhyme
por horn
ро́динка birth-mark, mole
родня́ f. only in sing. relations
родство́ relationship
рожда́ть imp/p роди́ть to give
  birth
рожде́ние birth
ро́жица Coll. dim. of ро́жа
  mug, snout
рожь rye
ро́зга birch (rod)
ро́зовенький dim. of
  ро́зовый pink
роково́й fatal (of fate)
рост figure, stature, growth
ро́тик dim. of рот mouth
руба́ха dim. руба́шка shirt
руби́новый ruby

рука́в sleeve
рукави́ца glove, mitten
ру́сый fair, light-brown
ручо́нка dim. of рука́ hand
рыбна́я ло́вля fishing
рыболо́в fisherman
рыда́ние sobbing
рыда́ть imp/p за- to sob
рыжева́тый reddish
ры́женькая ло́шадь roan horse
ры́жий ginger, chestnut
рысцо́й adv. at a trot
ры́ться imp/p по- to rummage
ры́царство chivalry

са́жень sazhen (= 2.13 metres)
Саксо́ния Saxony
са́ло fat, grease
сало́п women's coat
салфе́тка serviette
са́льный tallow
са́льная. свеча́ tallow
  candle
самодово́льный self-satisfied
самозабве́ние self-oblivion,
  forgetfulness of self
самолюби́вый selfish, egoistic
самолю́бие vanity
самонаде́янность f. selfconfid-
  ence, presumption
самоотверже́ние
  (самоотве́рженность)
  selflessness
самопоже́ртвование self-
  sacrifice
самоуве́ренность f. selfconfid-
  ence
сапо́г (top) boot
сапо́жная рабо́та cobbling
сбить p/imp сбива́ть to knock
  down, here: to turn over on one
  side
сби́ться p/imp сбива́ться to
  become confused
сближе́ние intimacy,
  rapprochement
сбли́зить p/imp сближа́ть to
  bring together (closer)
сбо́рка fold
сват coll. father of a son- (daught-
  er-) in-law
све́женький dim. fresh
свёрток parcel, bundle
свёртывать imp/p сверну́ть to
  roll up
сверх ожида́ния beyond
  expectation

сверх того́ in addition, further-
more
свет society, light большо́й свет
high society
све́тский worldly
све́тскость f. social standing,
good breeding
свеча́ candle
свире́пый fierce
свист whistle
сво́йственный natural, particular
to
сво́ра pack of dogs, leash
свысока́ adv. haughtily
свя́зный coherent
связь f. connection
свято́й holy пресвято́й most
holy
свяще́нник priest
сгоня́ть imp/p согна́ть to drive
together
сго́рбиться p/imp
го́рбиться to stoop
сго́рбленный hunched
сгоряча́ adv. in the heat of the
moment
сдать p/imp сдава́ть to pass
сдать на́ руки to hand over
сдви́нуть p/imp сдвига́ть to
move
сдви́нуть бро́ви to knit one's
brows
сде́ржанный subdued, restrained
сдержа́ть p/imp сде́рживать
to keep back, restrain
сдержа́ть своё сло́во to keep
one's word
себялю́бец egoist
седло́ saddle
седо́к passenger
семиле́тняя война́ Seven Years'
War
се́но hay
серде́чный dear, innermost
серди́ть imp/p рас- to anger
се́рдце heart
серебри́стый silver
се́ро-лило́вый purple-grey
серп sickle
сестри́ца dim. sister
сжа́литься p. to take pity,
compassion
сжать p/imp сжима́ть to
clench
сза́ди adv. behind
сзыва́ть imp/p созва́ть to call
together

сиде́нье seat
си́живать obs. in the habit of
sitting
сильне́йший the strongest
симпа́тия sympathy
сирота́ orphan
ски́нуть p/imp ски́дывать to
throw off
скирд cornstack
склад shape, form
скла́дка fold
скла́дываться imp/p
сложи́ться to form, close (of
lips)
скло́нность f. inclination
скользи́ть imp/p скользну́ть to
glide
сконфу́зить p/imp
конфу́зить to abash
сконча́ться p. to pass away, to
die
скороговóрка patter
скот cattle
скóтный двор cattle yard
скривя́ть p/imp кривя́ть to
distort
скрип creak
скри́пнуть p/imp скрипе́ть to
squeak
скрыва́ть imp/p скрыть to
conceal, hide
скры́ться p/imp скрыва́ться to
disappear, hide
ску́ка boredom
ску́по adv. niggardly, miserly
скупо́й stingy
сла́вный ма́лый fine fellow
сла́достный delightful
сла́дость f. sweetness
слегка́ adv. lightly
след trace
следи́ть imp/p по- to follow,
watch
сле́довательно consequently
слезли́вый tearful
слечь p. to take to one's bed
слива́ться imp/p сли́ться to
merge
сложе́ние build, character
сложи́ть p/imp скла́дывать to
fold, cross, put together
сло́манный broken
слуга́ servant
слух hearing
слы́шный audible
сма́хивать imp/p смахну́ть to
brush off, flick away

смело adv. boldly смелый bold
смелость f. daring, courage
смена shift
  на смену to replace someone
смеркаться imp/p
  смеркнуться: смеркается it
  is getting dark, night is falling
смертный mortal
сметливость f. keen-wittedness,
  shrewdness
сметь imp/p по- to dare
смешать p/imp смешивать to
  mix
смешаться p/imp
  смешиваться to become
  confused, merged
смешно adv. laughable
смирный quiet
сморщиться p/imp
  морщиться to screw one's face
  into wrinkles
смуглый swarthy
смутный faint, vague
смыкать imp/p сомкнуть to
  close
смягчаться imp/p смягчаться
  to soften
снисходательность f. lenience,
  condescension, indulgence
сноп sheaf
сношение relationship
снутри coll. from the inside
собачонка dim. dog
собираться imp/p собраться to
  get ready, assemble
соболий sable
собороваться p. and imp. to
  have churching; a sacrament
собственность f. property
соваться imp/p сунуться to
  thrust, shove
совершенство perfection
совестно it is a shame
  мне совестно I am ashamed
совещание debate, discussion,
  meeting
согласие agreement, consent
согласоваться p/imp
  согласовываться to conform,
  agree
согнуться p/imp сгибаться
  to bend
содержание contents
содрогание shudder
содрогаться imp/p
  содрогнуться to shudder
соединить p/imp соединять to
  join, to fold

сожаление compassion
сожалеть to regret
создание созданье (creature),
  being
сознание consciousness,
  awareness
сойтись p/imp сходиться to
  become good friends
сок juice
сокращение curtailment,
  abbreviation
сокрушаться imp. to grieve for
  (over)
солгать p/imp лгать to tell
  a lie
солнышко dim. sun
солома straw
сомкнутый tightly packed
соображаться to conform
сообразить p/imp соображать
  to consider, to ponder
сопротивление resistance
сорвать p/imp срывать to tear
  off, to pick
сослать p/imp ссылать to
  banish
сословие class
сосредоточить p/imp
  сосредоточивать to concen-
  trate
составлять imp/p составить
  to compose, to form, to make
  up
сострадание compassion
соха plough
сохранение preservation
  получать на сохранение to
  take into one's charge
сочинитель m. writer, composer
сочинять p/imp сочинять to
  compose
сочный succulent
сочувствие sympathy
сочувствовать imp. to
  sympathise with
спадывать imp. to fall down, to
  fall from
спасти p/imp спасать to save
спелый ripe
спереди adv. in front
спешить imp/p по- to hurry
спина back dim. спинка (also
  of furniture)
способность f. ability,
  capacity
споткнуться p/imp
  спотыкаться to stumble

спря́таться p/imp
  пря́таться to hide
спуска́ть imp/p спусти́ть to let
  down
  не спуска́ть глаз с not to
  take eyes off
спуска́ться imp/p спусти́ться
  to drop, go down
сре́дство means
срок date, term
  к сро́ку due date, in time
сря́ду: не́сколько раз сря́ду
  a few consecutive times
ста́вить imp/p по- to put, place
стара́ние effort
стара́ться imp/p по- to try,
  strive
стари́нный very old, ancient
ста́роста village elder
стару́шка (little) old lady, old
  woman
ста́тный stately
статья́ item, article
стаща́ть p/imp ста́скивать
  с ме́ста to drag from the
  spot
ста́я pack, flock
сте́бель m. stalk
стёганный quilted
стёганое одея́ло quilt
стекля́нный glass
стесня́ть imp/p стесни́ть to
  hamper, to hinder
стесня́ться imp/p по- to feel shy
стишки́ dim. verses
сто́ить to cost
столб pillar, post
столе́тие century
столкнове́ние collision
столь so
сто́рож watchman
страда́ние suffering
стра́нник pilgrim
стра́ннический wandering
стра́нно adv. strange
стра́нный curious, strange
стра́нствование pilgrimage
стра́стно passionately
страсть f. passion
стра́усовый ostrich
стреми́ться imp. to seek, to
  aspire to
стре́мя stirrup
стремя́нный groom
стри́женый clipped, cropped
сту́кнуть p/imp сту́кать to tap,
  to click, to knock

сту́кнуть p/imp стуча́ть to
  strike
ступа́ть go
ступе́нь dim. ступе́нька f. step
стыд shame
суди́ть imp/p по- to judge
су́дырь/суда́рь sir
судья́ m. judge
су́дя judging by
суети́ться imp. to fuss, to
  bustle
суетли́вость f. fussiness
суждено́: мне бы́ло суждено́
  I was fated to
су́живать imp/p су́зить to
  narrow
сукно́ cloth
суматоха bustle
сунду́к trunk
су́тки (only in pl.) twenty-four
  hours
су́хость f. dryness
существи́тельное noun
существо́ being, creature
существова́ние existence
су́щность f. essence
  в су́щности really, at bottom
схвати́ть p/imp
  схва́тывать за to catch hold
  of
схвати́ться p/imp
  схва́тываться to seize
схо́дство similarity, likeness
схо́жий с similar to
схорони́ть p/imp хорони́ть to
  bury
сча́стие/сча́стье happiness,
  luck
  к сча́стью luckily
счесть p/imp счита́ть to consider, count
счёты abacus
счита́нье counting
счита́ть imp/p по- to
  consider
сюрту́к coat

табаке́рка snuff-box
табуре́т stool
таи́нственность f. mystery
та́йна secret
такт time (music)
та́ять imp/p рас- to melt
тверди́ть imp/p за- to repeat
  over and over again
твёрдость f. firmness
теле́га cart

134

телодвижёние movement of the body

тень f. shade

теплота́ warmth

терпёть imp/p по- to endure

терпи́мость f. tolerance

тёсно adv. crowded

течь imp/p по- to run, flow

тира́нить to tyrannize

тирани́чески adv. tyrannically

то и дёло continually

толкну́ть p/imp толка́ть to push, to nudge

толкова́ть imp. to discuss

то́ненький dim. of то́нкий thin, slim

то́пнуть p/imp то́пать stamp (one's feet)

то́пот stamping

торжествова́ть triumph over

то́рный: по то́рной доро́жке along the beaten path

торопи́ться imp/p по- to hurry

торопли́во adv. hurriedly

торча́ть imp. to stick out, to protrude

то́тчас же immediately, at once

то́чно certainly, exactly

тошни́ть imp. to feel (be) sick

трави́нка blade of grass

трави́ть to hunt

 - соба́ками to set dogs on

тра́вка dim. of трава́ grass

тра́та extravagance

трёбуемый required

трево́жить imp/p по- to trouble, disturb

треволнёние agitation

треск crackle

треща́ть imp/p трёснуть to split, crack

тро́гательный touching

тро́гать imp/p тро́нуть to touch

тро́гаться imp/p тро́нуться to (make a) move

труди́ться imp. to toil at something, work

тря́пка rag

трясти́сь imp. to shake, tremble

тряхну́ть p/imp трясти́ to shake

ту́го-на́туго very tightly

ту́ловище body, trunk

тупо́й dull

тупоу́мие stupidity, dullness

ту́рок Turk

ту́чка dim. cloud

тща́тельный careful, thorough

тщеду́шный frail, weak

тщесла́вие vanity

тщесла́вный vainglorious

тяжёлый heavy

тя́жесть f. weight, load

тя́жкий distressing

тяну́ть imp. to have a longing for

убеди́тельный convincing

убеди́ть p/imp убежда́ть to convince, to persuade, to be convinced of

убежа́ть p/imp убега́ть to run away

убежде́ние conviction

убо́рка harvesting

уважа́емый respected

уважа́ть imp. to esteem

уваже́ние respect

увели́чиваться imp/p увели́читься to increase

увёрить p/imp уверя́ть to assure

уверну́ться p/imp увёртываться Coll. to wrap oneself up, to evade

увеща́ние assurance, remonstration

увещева́ть/увеща́ть imp. to exhort, to remonstrate

увида́ть p. see

увлека́тельный fascinating

увлека́ть imp/p увлёчь to carry along, to fascinate

увлече́ние distraction

увя́дший faded

угада́ть p/imp уга́дывать to guess

угоди́ть p/imp угожда́ть to please

угоще́ние refreshments

угрожа́ть to threaten

угрю́мый gloomy

удали́ться p/imp удали́ться to withdraw, to go away

удаля́ть imp/p удали́ть to send away

уда́р blow

ударе́ние intonation, stress, accent

уда́риться p/imp ударя́ться to knock against

удержа́ть (ся) p/imp удёрживать (ся) to retain, to restrain, to hold back

удержа́ться от сме́ха to keep from laughing
удиви́тельный astonishing
удиви́ться p/imp удивля́ться to be surprised, astonished
удивле́ние surprise
удо́бство comfort
удовлетвори́ть p/imp удовлетворя́ть to satisfy
удостове́риться p/imp удостоверя́ться to ascertain
у́дочка fishing rod
у́жас horror, terror
узело́к dim. bundle
у́зенький dim. narrow
узо́р pattern
ука́зывать imp/p указа́ть to point to
укла́дывать imp/p уложи́ть to pack
уклоня́ться imp/p уклони́ться to evade, to avoid
укра́дкой adv. by stealth, furtively
уку́тать p/imp уку́тывать to wrap up
уле́чься p/imp укла́дываться to lie down, to go to bed, to nestle down
уло́вка subterfuge, device
умиле́ние tender emotion
уми́льный sweet, touching
умолча́ть p/imp ума́лчивать to remain silent, to hold back
умоля́ть imp. to implore
умори́тельный laughable, extremely funny
умыва́льник wash basin
унаво́живание manuring
уничто́житься p/imp уничтожа́ться to be destroyed
уня́ться p/imp унима́ться to abate
упа́сть p/imp па́дать to fall
упира́ться imp/p упере́ться to rest against
упо́рный stubborn, persistent
употребля́ть imp/p употреби́ть to use
упрёк reproach
упряжна́я ло́шадь carriage-horse
упря́мство obstinacy
у́ровень m. level, standard
уро́дливый misshapen, ugly

урони́ть p/imp роня́ть to drop
ус pl. усы́ moustache
усе́рдие zeal, diligence
усе́рдный zealous
усе́сться p/imp уса́живаться to seat oneself, to take a seat
усе́янный strewn
уси́ливать imp/p уси́лить to make stronger
ускольза́ть imp/p ускользну́ть to escape, slip away
услу́жливый obliging
успоко́ить p/imp успока́ивать to calm down, to quiet
уста́ pl. (poetical) mouth, lips
уста́вить p/imp уставля́ть to set with
уста́лый tired, weary
установи́ть p/imp устана́вливать to place, to establish
устреми́ть p/imp устремля́ть to fix one's gaze, to direct, to fix
устремлённый directed, fixed
уступа́ть imp/p уступи́ть to yield
утверди́тельный affirmative
утере́ть p/imp утира́ть to wipe (away)
утеша́ть imp/p уте́шить to comfort
утеше́ние comfort, joy
уткну́ть p/imp утыка́ть Coll. to bury, to hide
утончённость f. refinement
ухвати́ться p/imp ухва́тываться to grip
уча́стие solicitude, sympathy, participation
у́часть f. fate
уче́бный adj. educational
уче́бное заведе́ние educational institution, school
учёная му́зыка classical music
учёный learned, scholar
ущипну́ть/щипну́ть p/imp щипа́ть to pinch
ую́тный cosy

фарфо́ровый porcelain
фата́льный fatal
фигу́ра figure, step
фигу́рка dim. figure

физионо́мия physiognomy, face
физи́ческий physical
фи́лин eagle-owl
фона́рь m. lantern, lamp
фра́за phrase
фрак tail-coat
фура́жка (peak) cap
футля́р case

хала́тец dim. dressing gown
хвала́ praise
хвати́ться p. to notice the absence of sómeone
хвости́на long dry branch
хвост tail, here: fur
хло́пнуть p/imp хло́пать to slap, to blink, bang
хлопота́ть imp/p по- to bustle about, take trouble
хлопотли́вость f. troublesomeness
хло́поты pl. trouble, cares
хлопу́шка flap
хлыст whip
хо́лодность f. coldness, coolness
холст canvas, linen, flax
хорони́ть imp/p по- to bury
хоро́шенький pretty
хороше́нько adv. coll. thoroughly, properly
хоть бы if only
хо́хот laughter
хра́брость f. courage
храни́ться imp. to be kept
хри́плый hoarse
хромо́й lame

ца́рствие kingdom
цвести́ imp. to flower
цени́ть imp/p оцени́ть to value
цити́ровать imp/p про- to quote, to cite
цыга́нка gipsy
цы́почки: на цы́почки on tiptoes
цыфербла́т/цифербла́т dial

чалма́ turban
часо́вня chapel
частоко́л paling
плетёный частоко́л wattle fence
часть f. part
по ча́сти in the sphere of
чепе́ц dim. че́пчик bonnet
червя́к worm
черёд turn

идти́ чередо́м to take its normal course
черепа́ховый tortoise-shell
черкну́ть p. coll. to scribble
чернова́тый blackish
черномазенький dim. swarthy
чеса́ть imp/p по- to scratch, to comb
честолю́бие ambition
честь f. honour
четвере́ньки: на четвере́ньки to go on one's hands and feet
чин rank
далеко́ уйти́ в чина́х to attain high rank
чи́нный decorous, precise
число́ number
в числе́ их among them
чистописа́ние calligraphy, clean writing
чрезвыча́йно extremely
чрезме́рный excessive
чувстви́тельность f. sensitivity, perceptibility
чугу́нный cast-iron
чугу́нная доска́ cast-iron plate
чуде́сный wonderful
чу́до miracle, wonder, marvel
чу́йка obs. long coat
чула́н box-room, lumber-room
чуло́к stocking
чушь f. nonsense

шажо́к dim. of шаг step
ша́лость f. prank
шаль f. shawl
ша́почка dim. of ша́пка cap
ша́ркнуть p/imp ша́ркать to click one's heels, to shuffle
швырну́ть p/imp швыря́ть to fling
шевели́ть imp/p по- to move, to stir
ше́йка dim. of ше́я neck
шёлковый silk
шёпот/шо́пот whisper
шерстяно́й woollen
шива́ть obs. frequentative of шить imp. to sew
ши́ло awl
шине́ль f. greatcoat, overcoat
ши́рма screen
шитьё embroidery, sewing
шка́пчик dim. small cupboard
шлея́ breeching, breech-band
шля́ться imp. to loaf about

шмыгну́ть p/imp шмы́гать to slip, to dart
шов seam
шпенёк pin, peg
штаны́ trousers
штри́пка footstrap
шту́ка thing, piece, trick

щеголя́ть imp/p щегольну́ть to be a dandy, to show off
щекота́ть imp/p по- to tickle
щеко́тка tickling
щёлкнуть p/imp щёлкать па́льцами to snap one's fingers
щёчка dim. cheek
шкату́лка/шкату́лка casket
щипа́ть imp/p щипну́ть to chew, to nibble
щипцы́ pl. tongs

экипа́ж carriage
эконо́мия household
эконо́мка housekeeper
эпи́ческий epic
эполе́т epaulette, shoulder strap

юро́дивый holy fool

яви́ться p/imp явля́ться to appear
я́вный evident, obvious
я́года berry
  ви́нная я́года fig
ямщи́к coachman
я́щичек dim. box

138

CPSIA information can be obtained
at www.ICGtesting.com
Printed in the USA
LVHW081339290519
619442LV00031B/548/P